Christian Butt / Dieter Niermann / Olaf Trenn (Hg.)

Einfach mal feiern

Außergewöhnliche Ideen für Feste und
Feiern mit Konfirmandinnen und Konfirmanden

Mit 7 Tabellen

Vandenhoeck & Ruprecht

Für Rita Kurtzweil und Sylvia Szepanski-Jansen

Bibliografische Information der Deutschen Nationalbibliothek:
Die Deutsche Nationalbibliothek verzeichnet diese Publikation in der
Deutschen Nationalbibliografie; detaillierte bibliografische Daten sind
im Internet über https://dnb.de abrufbar.

© 2021, Vandenhoeck & Ruprecht GmbH & Co. KG,
Theaterstraße 13, D-37073 Göttingen
Alle Rechte vorbehalten. Das Werk und seine Teile sind urheberrechtlich
geschützt. Jede Verwertung in anderen als den gesetzlich zugelassenen Fällen
bedarf der vorherigen schriftlichen Einwilligung des Verlages.

Umschlagabbildung: © Rawpixel.com/Shutterstock

Satz: SchwabScantechnik, Göttingen
Druck und Bindung: ⊕ Hubert & Co. BuchPartner, Göttingen

Vandenhoeck & Ruprecht Verlage | www.vandenhoeck-ruprecht-verlage.com

ISBN 978-3-525-62018-2

Inhalt

I Vorbereitung ist alles – keine Gastlichkeit ohne
Gastgebende 9
Dieter Niermann

1 Das große Fressen *oder* Ein gediegener Abend bei
Kerzenschein 10
Franziskus Jaumann

2 Das Leben feiern ... und mit dem Gottesdienst beginnen   16
Bettina Schwietering-Evers und Olaf Trenn

3 Mit Konfirmand*innen einfach immer Gottesdienst
feiern! 30
Susanne Dannenmann

4 Das Tauffest 39
Jasmin El-Manhy

5 Einfach Mahl feiern 42
Olaf Trenn

II Feier-Laune – kein Fest ohne Anlass 47
Dieter Niermann

1 Grund zum Feiern! Die Aktion »A(c)ktie« 48
Dieter Niermann

2 #trackthespirit – Pfingsten hybrid bespielen 55
Dorothée Böcker und Andrea Kuhla

3 Regionale Konfi-Nacht – mein Gottesdienst 62
Friedrich Böhme

4 Konfirmation auf dem Weg 73
Laura Koch-Pauka und Harald Schmidt

5 Konfirmationen in Stationen – eine coronataugliche
Alternative zum Festgottesdienst 81
Wolfgang Häfele

III »Der Mix macht's!« – Kein Fest ohne Gäste 85
Dieter Niermann

1 Generationenübergreifende Begegnung auf dem roten Sofa mitten im Gottesdienst 86
Reingard Wollmann-Braun

2 Mache dich auf und werde licht! 91
Gwen Schwethelm

3 Anders als erwartet – Konfi-Prüfung 97
Thorsten Pachnicke

4 »Ora et labora«, bete und arbeite – ein Kloster-Camp für Konfirmand*innen 105
Andreas Lorenz

5 Zum Tatort sind alle wieder zu Hause – UNITED – ein monatlicher Jugendgottesdienst in einem ländlichen Kirchenkreis 112
Thomas Schüßler

IV »Früher war mehr Lametta!« – Keine Festlichkeit ohne Deko 119
Dieter Niermann

1 KONFItüre 120
Janika Frunder und Alisa Mühlfried

2 Auf einen Song mit Gott und der Welt 125
Vanessa Poepping

3 Sekundenglück – Vorstellungsgottesdienste mit Rock- und Popmusik 130
Jens Mruczek

4 Schreibt Geschichten! Andachten im Konfirmationskurs. 137
Wolfgang Häfele

5 Abendglanz der Ewigkeit – Konfis erleuchten den
  Friedhof mit 1.200 Kerzen 142
  Christian Butt und Birgit Johannson

6 Gemeinsam das Leben feiern – Martins Mahlzeit 148
  Dieter Niermann

V »Was vom Tage übrig blieb …« – Keine Party
  ohne Kater 155
  Dieter Niermann

1 Im Alltag den Glauben feiern! 156
  Andreas Erdmann

2 Feier-Abend – Jugendgottesdienste und liturgisches
  Lernen 165
  Nicolas Budde und Alexander Remler

3 Zwischen »Jupheida« und »Krawumm« – unterwegs
  mit Wertvollworten und Konfirmationsgottesdienst 173
  Claudia Neuguth

5 Nachtwache – der Brief für mich 182
  Janika Frunder und Alisa Mühlfried

6 Wir fangen und feiern Gottesgeräusche! 189
  Bertram Schirr und Sebastian Hocke

Verzeichnis der Autor*innen 204

Vorbereitung ist alles –
keine Gastlichkeit ohne Gastgebende

Dieter Niermann

Was eigentlich macht sie aus, die guten Gastgeber*innen? Nun, vor allem eines: Sie eröffnen Räume. In ihrem Herzen, ihren Gedanken und ihrem Kalender räumen sie einem Anlass, einem Glücksgefühl einen Platz frei. Üblich- und Nützlichkeiten werden ein Stück beiseitegeschoben – wirklich Wichtiges darf Raum greifen.

Und längst bevor tatsächlich ein Raum, eine »Location« zur Verfügung steht, vorbereitet und gestaltet wird, hat das Fest schon seinen Ort gefunden: in der Verantwortung und der Bereitschaft all derer, die sich ihm geöffnet haben. Das Fest beginnt, lange bevor die Gäste eintreffen.

In so manchem Ratgeber finden sich »Zehn Gebote für Gastgebende«. Es lohnt, diese Maßstäbe auch an das nächste Fest in der Konfirmand*innenarbeit anzulegen: Mache den Ort wohnlich. Heiße willkommen. Sorge für Essen und Trinken. Gib Zeit, auszupacken. Mache entspanntes Dasein möglich. Mache es möglich, aktiv zu werden. Interessiere dich für die Gäste. Mache es leicht, wichtige Dinge zu finden und Abläufe zu kennen. Verbringe Zeit mit deinen Gästen. Und: Verabschiede sie!

Logisch: Bleiben Gastgeber*innen allein, bleibt auch das Fest aus. Alles muss zusammenkommen, damit das Feiern gelingt: Anlass, Aktionen, Essen, Deko, Stimmung … Doch all das kommt eben nicht zusammen, fügt sich nicht zu einem Fest, wenn niemand da ist, die*der einlädt und »Herz und Hütte« öffnet.

1 Das große Fressen *oder* Ein gediegener Abend bei Kerzenschein

Franziskus Jaumann

»Sie sind herzlich eingeladen zur Koch-Challenge 2.0«, so stand es auf dem Schreiben. Die Junge Gemeinde veranstaltete einen Wettbewerb der besonderen Art: zwei Kochgruppen, eine Küche, drei feste Hauptzutaten, viel Kreativität. Und die beiden hauptamtlichen Mitarbeiter*innen – die Gemeindepädagogin und der Pfarrer – bildeten die Jury. So saßen wir dann zu zweit am gedeckten Tisch bei Kerzenschein, wurden bedient und genossen zwei Mal hintereinander ein Drei-Gänge-Menü. Nachdem der letzte Bissen schon nicht mehr reinpasste und das opulente Dessert – einmal Tiramisu und das andere Mal Schokocreme mit Himbeeren – trotz Perfektion zur Qual wurde, ging es ans Beurteilen. Die Entscheidung fiel denkbar knapp aus, aber das Curry-Chutney auf Reisbett mit Garnelentopping war einfach nicht zu schlagen. Nach getaner Arbeit langte auch die Junge Gemeinde kräftig zu. Mehr im Liegen als im Sitzen entfuhr einem von uns der Spruch: »Was für ein Fressen!« »Aber nein«, kam postwendend die Antwort: »Es war ein gediegener Abend bei Kerzenschein.« Ein Titel war geboren und die klare Absicht: Das wiederholen wir. Doch die Jury stöhnte bei der Aussicht, in den nächsten Wochen mehrmals ein solch opulentes Menü allein genießen und beurteilen zu müssen. So gelangten wir alle zu der Einsicht, dass dieses großartige Projekt weiterleben sollte, nicht jedoch mit den derzeitigen Gästen und nicht als Challenge. Dann doch vielleicht mit anderen aus der Gemeinde und als Einladung der Jugend an all die anderen. Fortsetzung und Weiterentwicklung waren geboten. Das Kind war da und hatte einen Namen. Die Jugend kocht für die Gemeinde – ein großes Fressen – und schenkt ihr einen gediegenen Abend – bei Kerzenschein.

1 Das Projekt

Angedacht ist ein Drei-Gänge-Menü für etwa 20 Personen aus der Gemeinde: es zu kochen, zu servieren und der Gemeinde das Gefühl eines Restaurantbesuches zu geben – nur eben in den Räumlichkeiten der Kirchengemeinde. Die Gäste sollen an einer langen Tafel Platz nehmen und einen Restaurantabend besonderer Art erleben. Neben dem frisch zubereiteten Essen gibt es einen Service, der bedient, Getränkebestellungen aufnimmt und diese zu den einzelnen Gängen des Menüs serviert. Eine weitere Besonderheit des Abends: Die Teilnahme ist begrenzt – einerseits durch die Räumlichkeiten, andererseits bewusst, um dem Abend etwas Exklusives zu verleihen. Die Teilnahme an diesem Essen muss in Form von Eintrittskarten erworben werden. Mit den so generierten Einnahmen werden sowohl die Ausgaben des Abends refinanziert als auch der Haushaltsposten der Arbeit mit Jugendlichen aufgestockt – eine willkommene Kofinanzierung für anstehende Projekte.

2 Die Situation

Geplant ist zunächst, die gesamte Durchführung des Projekts allein durch die Junge Gemeinde geschehen zu lassen. Schnell wird in der Vorbereitungsphase jedoch klar, dass für die angedachte Umsetzung mehr Man- und Womanpower und Mitdenken gebraucht wird. Wir entscheiden uns, für das Projekt um Kooperation mit dem gerade konfirmierten Jahrgang zu werben. Während die Junge Gemeinde für das Menü verantwortlich ist, werden die Konfirmierten den Service in ihre Hände nehmen. Nach anfänglicher Zurückhaltung seitens der Konfirmierten gewinnen die Begeisterung und die Vorfreude auf die verantwortungsvolle Aufgabe schnell die Oberhand. Aus pädagogischer Sicht ermöglicht dieses Projekt ein unkompliziertes und spannungsfreies Kennenlernen beider Gruppen und einen sanften wie tatkräftigen Übergang der Konfirmierten in die Junge Gemeinde. Das gemeinsame Projekt als verbindendes Element bei gleichzeitiger Eigenverantwortung für den jeweiligen Arbeitsbereich wird zu einer tragfähigen Grundlage für ein harmonisches Gruppenerlebnis.

In der Kirchengemeinde herrscht – wie in vielen anderen – der Wunsch vor, mehr von der Jugend im Gemeindealltag zu sehen und zu erleben. Da auch bei uns der sonntägliche Gottesdienstbesuch der Jugendlichen überschaubar ist, ist das eine willkommene Möglichkeit, der Kirchengemeinde zu zeigen, wie sich die Jugendlichen auf ihre Art einbringen. Mit dem Projekt und seinen Akteur*innen können mehrere Ziele erreicht und Zielgruppen angesprochen werden. Die Jugendlichen entwickeln und gestalten ein von ihnen erdachtes und geplantes Projekt. Daneben sprechen sie neue Personenkreise an, welche an dem Projekt teilnehmen und sich in einem für alle ungewöhnlichen Setting (teilweise erstmals) kennenlernen. Schließlich kommen auch die Jugendlichen mit den anderen Gemeindemitgliedern unkompliziert in Kontakt und ins Gespräch. Neben den pädagogischen und gemeindeaufbauenden Zielen erleben alle einen bereichernden und genussvollen Abend.

3 Die Vorbereitung

Die Vorbereitung beginnt circa ein halbes Jahr vor dem geplanten Termin. Es werden Rezeptideen gesammelt und ausprobiert, anschließend das Menü und die Getränkeliste von den Konfirmierten und der Jungen Gemeinde in Absprache mit dem*der Hauptamtlichen in Bezug auf die Durchführbarkeit zusammengestellt. Eine Herausforderung besteht darin, die jeweiligen Mengen der einzelnen Gänge auf die geplante Anzahl an Gästen hochzurechnen.

Im gleichen Zeitraum der Vorbereitung wird die Gemeinde durch Flyer, Poster, einem Artikel im Gemeindebrief und auf der Homepage über das Projekt informiert und dazu eingeladen. Schon der Titel des Abends »Das große Fressen *oder* Ein gediegener Abend bei Kerzenschein« sorgt für Neugier und empörte Verwunderung, was jedoch der medialen Verbreitung zuträglich ist. Auf den Flyern ist eine Anmeldung abgedruckt, die im Pfarramt einzureichen ist, um in einem zweiten Schritt eine personalisierte Einladung zu erhalten. So wird sichergestellt, dass die maximale Anzahl an Teilnehmenden nicht durch spontane Gäste überschritten wird.

4 Das Konkrete

Wie bei vielen kirchlichen Aktivitäten bleibt auch bei diesem Projekt im Vorfeld offen, wie viele Gemeindemitglieder solch ein Angebot annehmen. Aus naheliegenden Gründen der Planbarkeit und der Verfügbarkeit von Plätzen soll es keine »offene Veranstaltung« werden. Der vorgesehene Raum für die aufzubauende Tafel wird abgemessen und mit Tischen und Stühlen bestückt, um die maximale Teilnehmendenzahl des Abends zu ermitteln. Das bildet die Basis für die Liste mit den Anmeldungen und die Planungen rund um das Menü. Mindest- und Maximalzahl an Teilnehmenden sowie ein Anmeldeschluss werden festgelegt, um das Projekt bei zu geringem Interesse rechtzeitig absagen zu können. Für die Hochrechnung der Zutaten der einzelnen Gänge des Menüs für die avisierte Teilnehmendenzahl lassen sich im Internet Tabellen finden. Ebenso müssen die Vorbereitenden die Getränkeauswahl bestimmen und deren Menge schätzen. Hierbei gilt es zu berücksichtigen, sowohl für den Aperitif als auch die Getränkebegleitung beim Hauptgang eine nicht-alkoholische Alternative anzubieten. Nun wird die Küchenausstattung des Gemeindehauses geprüft, um sicherzustellen, dass alle notwendigen Utensilien zum Kochen vorhanden sind. Was fehlt, muss gekauft oder aus familiären Beständen entliehen werden. Neben Tischdecken und Dekorationselementen, die vorhanden sind, gekauft oder geliehen werden, wird die Kleiderordnung der Jugendlichen dem Anlass angepasst. Weiße Hemden und Blusen befinden sich bei fast allen Konfirmierten im Schrank, die notwendigen Schürzen und Fliegen sowie Tabletts werden z. B. vom ortsansässigen Restaurant gestellt. Neben der erheblichen Vorbereitungszeit (einschließlich den unzähligen Vorbereitungen am Tag selbst!), ist dieses Projekt vor allem auch personalintensiv. Zwei Hauptamtliche begleiten Vorbereitung und Durchführung, stehen beim ersten Mal mit Rat und Tat zur Seite und begleiten am Abend der Durchführung unterstützend den Service und die Arbeiten in der Küche. Auch die Vorbereitung für den Einkauf und die Durchführung des Einkaufes von Zutaten und Getränken übernehmen das erste Mal die Hauptamtlichen (mit mehreren Jugendlichen). Für die Zubereitung eines jeden Ganges sind jeweils zwei Jugendliche verantwortlich. Beim Service bewährt sich der Schlüssel von einem*einer Kellner*in für je vier Gäste.

5 Der Plan – in Kürze

Da dieses Projekt sehr von der Vorarbeit lebt, sind hier die einzelnen Schritte der Vorbereitung in Kürze dargestellt:

- Ein halbes Jahr vor dem Festmahl erfolgt die Auswahl des Menüs, damit es bei der Ankündigung über die der Gemeinde möglichen Medien veröffentlicht werden kann. Zuvor findet eine Überprüfung am geplanten Veranstaltungsort statt, bei der die maximale Teilnehmendenzahl ermittelt wird. In diesen Zeitraum fällt auch die Prüfung der Ausstattung der Küche.
- Vier Wochen vor dem Festmahl gibt es ein Probekochen des Menüs mit Hochrechnung der Zutaten.
- Zwei Wochen vor dem Festmahl ist Anmeldschluss. Die detaillierte Einkaufsliste wird erstellt. Auch der Versand der personalisierten Einlasskarten erfolgt nun.
- Eine Woche vor dem Festmahl findet der Einkauf statt. Hier bewährt es sich, mehrere Jugendliche mitzunehmen. Ein Einkauf im Großmarkt ist sinnvoll, da möglicherweise nicht alle Zutaten in ausreichender Menge im Einzelhandel vorrätig sind. Weiter gilt es, in dieser Zeit Tischkarten sowie Menü- und Getränkekarten zu designen und zu drucken. Es gibt die Möglichkeit, im Vorfeld eine Sitzordnung festzulegen. Dann braucht es personalisierte Namenskarten.
- Am Tag selbst wird der Raum vorbereitet, die Tische und Stühle werden gestellt, Besteck und Geschirr eingedeckt, Getränke bereitgestellt, die am besten ein, zwei Tage vorher gekühlt werden. In der Küche werden alle Vorbereitungen für das spätere Kochen getroffen: Utensilien und Nahrungsmittel werden an geeigneten Arbeitsplätzen bereitgelegt, Zutaten vorbereitet, rechtzeitig mit dem Vorkochen spezieller Bestandteile begonnen. (Einlass erfolgt eine halbe Stunde vor Beginn der großen Tafel.)
- Eine Stunde vor Beginn des Festmahls macht sich der Service bereit, um für den Einlass gewappnet zu sein und den Aperitif zu servieren.

- 30 Minuten vor dem Festmahl werden die Gäste mit einem Begrüßungsaperitif durch den Service willkommen geheißen. Da laufen die Vorbereitungen für den ersten Gang bereits. Die Gäste werden begrüßt und die Akteur*innen des abendlichen Programms vorgestellt, die die Aktivitäten in der Küche für diesen kurzen Moment ruhen lassen. Sie erläutern das Menü und sprechen ein kurzes Gebet. Die Durchführung folgt von diesem Moment an ihren eigenen Regeln, begleitet von der Hoffnung, möglichst an alles gedacht zu haben. Die Dauer des Abends liegt bei etwa zweieinhalb Stunden. Die Nacharbeit, das Spülen, Aufräumen und Putzen, überlassen die Jugendlichen gern anderen. Das gilt es unbedingt im Blick zu haben und zuvor eine verbindliche Verabredung zu treffen.

6 Die Resonanz

Um den Abend optimal gestalten zu können, hatten sich die Jugendlichen vorab auf eine Mindestzahl von zehn Teilnehmenden und eine Maximalzahl von 20 Teilnehmenden geeinigt. Dauerte es bis zum ersten »Großen Fressen« zwei ganze Monate, bis sich 20 Personen angemeldet hatten, waren beim zweiten Mal innerhalb einer Woche alle Karten verkauft – der beste Beweis für die begeisterte Resonanz der Gemeinde auf Idee, Durchführung und Leistung der Jugendlichen. Auch die Jugendlichen empfanden Stolz auf das Geleistete und drängen seither auf neue Termine. Bis jetzt findet das »Große Fressen« einmal jährlich statt. Die Resonanz aus der Gemeinde und die Bereitschaft der Jugendlichen ließen mehrere Veranstaltungen dieser Art im Jahr zu. Nur bleibt die Vorbereitung zeitintensiv. »Das große Fressen« ist auch ein materieller Erfolg: Die gewonnenen Einnahmen durch den Verkauf der Eintrittskarten und Trinkgelder finanzierten zu einem Drittel die Ausgaben für den Abend. Zwei Drittel jedoch konnten als Gewinn dem Haushalt der Arbeit mit Jugendlichen und der Jungen Gemeinde zugeführt werden und ermöglichten die Sanierung ihres Jugendhauses.

2 Das Leben feiern …
und mit dem Gottesdienst beginnen

Bettina Schwietering-Evers und Olaf Trenn

1 Die Idee

Die Konfirmand*innenzeit beginnt. So vieles ist da zu bedenken: Wesentliche Elemente der gemeinsamen Zeit sollen von Anfang an einen angemessenen Ausdruck finden, um die Jugendlichen hiermit vertraut zu machen. Während des ersten regulären Treffens möchten wir die Konfirmand*innen in kleinen Gruppen zusammenführen, um ihnen das Kennenlernen untereinander zu erleichtern und sie zugleich mit unserem Verständnis von qualitativer Kleingruppenarbeit bekannt zu machen. Für uns heißt das: Jede Gruppe erarbeitet einen je eigenen Aspekt eines gemeinsamen Themas. Am Ende eines Treffens fügen sich die Gruppenergebnisse im abschließenden Plenum wie Puzzlesteine zu einem Gesamtbild zusammen. Wir möchten die Konfirmand*innen außerdem mit ihren Konfi-Tagebüchern vertraut machen, die von nun an die wöchentlichen Treffen begleiten werden. Es sind schöne, gebundene Bücher mit vielen leeren Seiten. Immer wieder wird Zeit sein, Ergebnisse der gemeinsamen Arbeit einzutragen, eigene Gedanken zu sammeln u. v. m. Und: Wir starten sofort mit der thematischen Arbeit. Auch das ist uns wichtig: Wir lernen uns während der inhaltlichen Arbeit und über sie kennen. Die Konfi-Zeit behandelt von Anfang an die wichtigen Themen des Glaubens und der Kirche im Zusammenhang mit allem, was die Jugendlichen an eigenen Ideen, Fragen und Lebensweltbezügen in die gemeinsame Arbeit eintragen werden. Gleich zu Beginn sollen sie das gute Gefühl haben: Hier geschieht Relevantes. Ich lerne Dinge kennen, die mir vorher so noch nicht begegnet sind. Und wenn ich nach Hause komme, habe ich – falls ich das mag – sogar etwas zu erzählen. Unser erstes Thema ist »Gottesdienst«. Das klingt nicht sofort attraktiv, obschon naheliegt, die Jugendlichen mit demjenigen Ort und derjenigen Zeit bekannt zu machen, die die Gemeinde zusammenführen und ein zentraler Ankerplatz im Leben der Gemeinde sein wollen. Um nicht in einem hölzernen Liturgie-Lernen zu landen, sortieren wir verschiedene Dimensionen bzw. Aspekte der gottesdienstlichen Feier auf kleine, spielerische Arbeitsvorhaben für insgesamt sechs Kleingruppen. So entsteht im Ergebnis ein erster »Durchgang« durch den Gottesdienst:

1. »ankommen und einander begrüßen«,
2. »gemeinsam singen«,
3. »lesen, hören und auslegen«,
4. »gemeinsam essen und trinken«,
5. »an sich und andere denken«,
6. »sich Gutes wünschen und verabschieden«.

2 Die Situation

25 Konfirmand*innen zählt unsere Gemeinde im Schnitt pro Jahrgang. Sie absolvieren ihre Konfi-Zeit innerhalb eines Jahres. Beginn ist das neue Schuljahr. Die Konfirmation findet an einem der letzten Sonntage vor den nächsten Sommerferien statt. Fünf Gemeinden unseres Kirchenkreises arbeiten in der Konfirmand*innenarbeit (KA) in besonderer Weise zusammen. Sie haben ein gemeinsames Curriculum erarbeitet und die Vorbereitung der Themen untereinander aufgeteilt, um sich gegenseitig zu entlasten. Die Hauptamtlichen können einander vertreten, größere Projekte und Fahrten gemeinsam planen, sich zeitnah austauschen, die Arbeit reflektieren und den Herausforderungen der Zeit anpassen. Pro Gemeinde verantworten zwei Hauptamtliche und ein Team aus ca. 10 bis 12 Jugendlichen die KA. Diese Jugendlichen bringen sich selbstverständlich mit eigenen Beiträgen in die gemeinsame Arbeit ein. 90 Minuten dauern die wöchentlichen Treffen von 17:30 bis 19 Uhr. Immer wieder haben wir diskutiert, inwiefern nicht das monatliche Wochenende die Wochenstruktur ablösen müsste. Um der Kontinuität der Beziehungsarbeit willen sind wir bis heute bei den wöchentlichen Treffen geblieben.

3 Vorbereitende Schritte

In der Vorbereitung auf diese Konfirmand*innenstunde sind ein paar Dinge zu organisieren, die über die üblichen Vorbereitungen hinausgehen. Besonders die Station »gemeinsam essen und trinken« braucht mehr Vorbereitung. Wir haben ein Dinkelbrot gebacken – es kann aber auch ein Brot vom Bäcker sein. Wichtig ist, dass es ein gut anzusehender Brotlaib und das Schneiden ein fühlbarer Vorgang ist. Für die Station müssen außerdem Traubensaft und Becher/Gläser besorgt und bereitgestellt werden. Die Menge berechnet sich nach der Anzahl aller Konfis und Teamer*innen. Alle sollten einen Schluck trinken können. Weiterhin braucht es hier ein Brett, ein Brotmesser, Servietten und einen Brotkorb. Weitere Materialien: Die Konfi-Bücher, Stifte, »Eintrittskarten« für die Kirche, auf verschiedenen Farben ausgedruckt (so viele Farben, wie die Kirche Eingänge hat), Impulse für die Einträge im Konfi-Buch. Arbeitsblätter/Impulszettel für die weiteren Kleingruppen, Gesangbücher (EG) in Teilnehmendenzahl, eine Möglichkeit, Kerzen zu entzünden, z.B. eine Schale mit Sand o. Ä., Kerzen in der Anzahl der Teilnehmenden der Kleingruppe, Liederbücher (»Berliner Lieder«, hg. von G. Brick, M. Kurepkat, O. Trenn, Strube Verlag, München 2014, darin das Lied: »Meine Kerze«, Nr. 54).

Eine halbe Stunde vor dem Konfirmand*innenunterricht treffen sich die Teamer*innen und werden mit dem Unterrichtsentwurf vertraut gemacht. Gemeinsam werden mögliche Orte in der Kirche für die Gruppenarbeiten ausgewählt. Bei uns waren es:
1. Vorraum der Kirche: »ankommen und einander begrüßen«,
2. Orgelempore: »gemeinsam singen«,
3. Sakristei: »lesen, hören und auslegen«,
4. Altarraum: »gemeinsam essen und trinken«,
5. Kapelle: »an sich und andere denken«,
6. unter der Orgelempore: »sich Gutes wünschen und verabschieden«.

Für jede der sechs Gruppen erhalten die Teamer*innen Anregungen für ein Gespräch, für Übungen, eine Ergebnisidee und das Material.

Die Teamer*innen verteilen die Themen untereinander, machen sich mit ihren Kleingruppenarbeiten vertraut und richten ihre Station ein. Die Konfis werden vorab in sechs Gruppen eingeteilt und die Teamer*innen erhalten die jeweilige Namensliste.

4 Ablauf

Mit Tagebüchern in den Kirchenbänken sitzen (20 Minuten)

Die im Gemeindehaus ankommenden Konfis werden von Teamer*innen begrüßt, legen ihre Sachen ab und bekommen eine »Eintrittskarte« in die Kirche. Je nach Farbe der Eintrittskarte gelangen sie durch verschiedene Eingänge in die Kirche. Manche kommen dabei durch Türen in die Kirche, die sie noch nie durchschritten haben. An den Eingängen werden sie von anderen Teamer*innen empfangen, die die »Eintrittskarte« kontrollieren und ihnen ihr Konfi-Buch und einen Stift überreichen. Außerdem erhalten die Konfis Impulse für die ersten Einträge. Sie werden gebeten, sich einen Platz zu suchen, der ihnen gefällt – wenn möglich in ausreichender Entfernung zueinander.

Impulse für die Einträge im Konfi-Buch

Suche dir einen Platz, der dir gefällt. Wähle möglichst eine freie Kirchenbank und setze dich weit weg von den anderen. Nun hast du Zeit für deine ersten Einträge in deinem Konfi-Buch. Kannst du sagen, warum deine Wahl auf den Platz gefallen ist, auf dem du nun sitzt? Schreib es auf. Dein Eintrag könnte so beginnen: Ich habe mir diesen Platz ausgesucht, weil … | Schau dich im Kirchraum um. Was kannst du von hier aus sehen? Notiere es. | Welche Blickrichtung gefällt dir besonders? Schreibe auf, warum. | Schließe die Augen und horche in den Raum hinein. Was hörst du? | Schließe noch einmal die Augen und gehe im Kopf die Dinge durch, die du bei deinem Rundblick wahrgenommen hast. Gibt es etwas, was du dir genauer ansehen möchtest? Was hast du vergessen, das du zuvor notiert hattest? | Du sitzt in der Kirche, die du vielleicht schon gut kennst (aus der Kita, von Besuchen). In einem Jahr wirst du hier konfirmiert. Was wünscht du dir für deine Konfi-Zeit? Mache jetzt auch dazu noch einen Eintrag.

In Kleingruppen Elemente des Gottesdienstes erkunden (40 Minuten)

Eine*r der Hauptamtlichen tritt ans Mikrofon und begrüßt die Konfis:

»Im Namen des Vaters und des Sohnes und des Heiligen Geistes«.

Dann erzählt er*sie kurz etwas zum Gottesdienst:

»Hier feiern wir jeden Sonntag um 10 Uhr Gottesdienst, an manchen Tagen im Jahr auch noch zu anderen Zeiten. Immer gleicht sich der Aufbau eines Gottesdienstes. Ein Gottesdienst ist wie ein Weg durch das Leben: Wir kommen an und werden freundlich begrüßt. Wir erleben Dinge in Gemeinschaft. Wir hören zu, lesen, singen. Das Leben ist interessant und von verschiedenen Inhalten bestimmt – je nach Zeit und Ort. Wir essen und trinken, und wir sind nicht allein. Es gibt andere Menschen um uns herum, Menschen, die uns lieb und nahe sind, und Menschen, die uns zu schaffen machen. Ohne sie geht es nicht. Wir leben mit ihnen und denken an sie. So werden wir älter, und am Ende werden wir freundlich verabschiedet. Es gibt andere, die uns Gutes wünschen und uns in Frieden gehen lassen. Den Weg des Gottesdienstes gehen wir jetzt einmal gemeinsam. Ihr erarbeitet ihn in Kleingruppen. Später feiern wir ihn gemeinsam.«

Nun werden die Konfis von ihren Teamer*innen aufgerufen und zu ihrem Kleingruppenort geleitet. Dort haben sie eine halbe Stunde Zeit, ihr Thema zu erkunden und für die anderen etwas Schönes vorzubereiten.

1. Kleingruppe: »ankommen und einander begrüßen«
(z. B. im Vorraum der Kirche)

A. Übung: Lauft schweigend kreuz und quer durch den Raum. Schaut einander nicht an. Rempelt nicht. Ignoriert einander. | Geht weiter, nehmt nun vorsichtig Blickkontakt auf. Blickt einander kurz an und schaut schnell wieder weg. Achtet darauf, mit allen mindestens einmal Blickkontakt gehabt zu haben. | Geht weiter schweigend durch den Raum. Nickt einander freundlich zu. Versucht, alle auf diese Weise zu begrüßen. | Geht weiter und überlegt euch eine Handbewegung, wie ihr die anderen begrüßen könntet (ein Winken, einen Daumen nach oben etc.). Achtet auf das, was ihr tut, und das, was die anderen tun. | Geht weiter durch den Raum. Denkt euch nun eine übertriebene Bewegung aus, mit der ihr die anderen begrüßt – alles noch still! Achtet auf das, was zusammenpasst und was nicht. | Geht weiter durch den Raum und überlegt euch ein Begrüßungswort oder einen Begrüßungssatz für die, die euch begegnen. Nun begrüßt einander mit euren Worten und Sätzen. Bleibt bei eurem Spruch, auch wenn er nicht passt. | Nun sucht noch nach einer passenden Bewegung, die unterstreicht, was ihr den anderen zur Begrüßung sagt. | In einem nächsten Durchgang benutzt nur noch die folgenden Worte: »Der Herr sei mit dir!« und als Antwort: »Und mit deinem Geist«. | Und im allerletzten Durchgang sucht auch für diese beiden Begrüßungsformeln eine passende Handbewegung.

B. Gespräch: Was habt ihr gerade erlebt? | Wie habt ihr euch dabei gefühlt? | Was hat gepasst, was nicht? | Was könnt ihr anhand einer Begrüßung von anderen erkennen? | Welche Unterschiede im Begrüßen macht ihr selbst? | Was könnt ihr den anderen signalisieren? | Wie werdet ihr selbst gern begrüßt und wie nicht? | Welche Begrüßungen gehen gar nicht? | Wozu sind Begrüßungen überhaupt gut? | Im Gottesdienst begrüßt der*die Pfarrer*in die Gemeinde mit den Worten: »Der Herr sei mit euch.« Und die Gemeinde antwortet: »Und mit deinem Geist.« Was fällt euch dazu ein?

C. Etwas vorbereiten: Was von dem, was ihr geprobt habt, und was von dem, was ihr besprochen habt, möchtet ihr den anderen gleich im Altarraum zeigen. Ihr könnt ein paar kurze Szenen einstudieren und den anderen vorführen. Am Ende eurer Darbietung sollen die Worte fallen: »Der Herr sei mit euch« – »Und mit deinem Geist«, wenn möglich in ein paar unterschiedlichen Varianten.

2. Kleingruppe: »gemeinsam singen« (z. B. auf der Orgelempore)

A. Übung: Die Liederbücher (EG) in die Hand nehmen, sie gemeinsam durchblättern, nach bekannten Liedern suchen, sie den anderen zeigen und gemeinsam überlegen, zu welchen Anlässen sie gesungen werden. Sollte ein*e Kirchenmusiker*in die Gruppe anleiten, kann sie*er gern Informationen zum Gesangbuch geben, die für Jugendliche interessant sind.

B. Gespräch: Wann und wo singen Menschen? | Wozu wird überhaupt gesungen? | Wann und wo singt ihr? Und in welchen Stimmungen? | Was unterscheidet singen von sprechen? | Was unterscheidet gemeinsam singen von vorsingen? | Wann traut ihr euch zu singen, wann nicht? Und wovon hängt das ab? | Welche Songs kennt ihr auswendig und warum?

C. Etwas vorbereiten: Jede*r sucht in den Gesangbüchern eine Lieblingsstrophe und liest sie vor. Jeweils im Anschluss gibt es einen Austausch: Was genau gefällt dir an dieser Strophe/diesem Lied? Zu welchem Anlass könntest du dir vorstellen, es mit anderen zusammen zu singen? | Einüben im anschließenden Plenum: Jede*r liest am Mikro im Altarraum ihre*seine Liedstrophe vor und kommentiert sie mit einem Satz, der so beginnt: »Mir gefällt an dieser Strophe/diesem Lied …«

3 Kleingruppe: »lesen, hören und auslegen« (z. B. in der Sakristei)

A. Übung: Schnipsel einer biblischen Geschichte (z. B. Markus 8,1–9: »Die Speisung der Viertausend«) in Anzahl der Konfis und ggf. Teamer*innen als Lose ziehen lassen; jede*r macht sich mit dem Text vertraut. | Alle lesen gleichzeitig ihren kurzen Text (Achtung, fertig, los!) | Nun auf verschiedene Weisen: a) geflüstert, | b) gelangweilt, | c) gehetzt, | d) laut deklamierend, | e) spannend wie ein Krimi. | Jede*r sucht aus dem eigenen Textausschnitt einen wichtigen Begriff oder die wichtigste Stelle (höchstens drei Worte!) aus und schreibt einen Gedanken dazu ins Konfi-Buch. Der Gedanke soll so formuliert sein, dass er sich vorlesen lässt. | Nun versuchen alle gemeinsam, die richtige Reihenfolge ihrer Textabschnitte zu finden und lesen reihum die Geschichte, bis sie einen Sinn ergibt. | Es folgt ein solcher Durchgang, bei dem jedoch jeweils nach dem gelesenen Textabschnitt der gewählte Begriff/die wichtigste Stelle wiederholt und dann der Gedanke dazu aus dem Konfi-Buch vorgelesen wird.

B. Gespräch: Nun bekommen alle ein Textblatt mit dem vollständigen Text: a) Versucht, diese biblische Geschichte mit eigenen Worten nachzuerzählen. | b) Was versteht ihr, was nicht? | c) Worüber möchtet ihr nachdenken? Was davon könnt ihr einander erklären? | d) Welche eurer Gedanken möchtet ihr später mit den anderen Gruppen teilen?

C. Etwas vorbereiten: Ihr werdet gleich den anderen eine kurze Predigt halten. Kurzer Austausch: Wozu, meint ihr, ist eine Predigt gut? | Zur Predigt gehört: die Lesung der biblischen Geschichte, eure Gedanken zu den wichtigen Begriffen und ein paar besondere Gedanken aus eurem Gespräch zur Geschichte. Bereitet eure Predigt vor. | Zum Predigen werdet ihr auf die Kanzel steigen. Also: Alles Notwendige verabreden, üben und sich kurz mit der Kanzel vertraut machen.

4. Kleingruppe »gemeinsam essen und trinken« (z. B. im Altarraum)

Auf dem Altar befinden sich neben dem, was üblicherweise dort liegt, das Abendmahlsgerät sowie ein Brot, ein Brotbrett, ein Brotmesser, Servietten, ein Korb, mehrere Liter Traubensaft und Becher/Gläser in ausreichender Anzahl.

A. Gespräch (rund um einen Tisch): Impulskärtchen mit Fragen liegen verdeckt auf dem Tisch, werden reihum wie Lose gezogen. Jede*r liest zuerst die Frage vor, versucht sie zu beantworten und bittet eine weitere Person, die Frage ebenfalls zu beantworten. Wer will, kann anschließend noch etwas dazu sagen: Was passiert bei euch zu Hause alles am Tisch? | Welche Tische spielen in deinem Leben eine Rolle? | Wie sieht ein schön gedeckter Tisch aus? | Mit wem sitzt du gern an einem Tisch? | Welche Tischregeln kennst du? | Was kommt bei euch zu Hause alles auf den Tisch? | Wer deckt bei euch den Tisch? | Wie viele Menschen passen bei euch an den größten Tisch? | Wann hältst du es lange an einem Tisch aus und wann nicht? | Was bedeutet für dich, »Tischgemeinschaft« zu haben? | Welches besondere Erlebnis verbindest du mit einem Tisch? | Beschreibe den Esstisch in deiner ersten eigenen Wohnung, wenn Geld keine Rolle spielt?

B. Übung: Alle drehen sich vom Altar weg und schauen ihn nicht mehr an, mogeln verboten. | Beschreibt den Altar unserer Kirche so genau wie möglich, indem ihr euch Notizen in eurem Konfi-Buch macht: Wie sieht er aus? Wie groß schätzt ihr ihn? Welche Gegenstände befinden sich auf ihm?

Was erinnert ihr noch alles am Altar und um ihn herum? | Anschließend, noch ohne sich umzuschauen, einander vorlesen, was jede*r geschrieben hat. Danach gehen alle zum Altar und vergleichen ihre Notizen mit dem Altar. | Gespräch am Altar: Welche Funktionen haben der Altar und die Gegenstände auf ihm?

C. Etwas vorbereiten: Im Anschluss an eure Kleingruppenarbeit werdet ihr mit den anderen Gruppen um den Altar herum von dem Brot essen und vom Saft trinken. Ihr seid verantwortlich, dass alle etwas bekommen. Alles soll gut vorbereitet sein. Überlegt gemeinsam, wie das am besten geht. Schön wäre es, wenn ihr vorher ein paar Worte sagt. Vielleicht nutzt ihr dazu einige der Impulsfragen eures Anfangsgesprächs. Dann ladet alle ein und teilt, was es gibt. Niemand muss essen und trinken, aber jede*r darf.

5. Kleingruppe: »an sich und andere denken« (z. B. in der Kapelle)

A. Übung: Alle sitzen im Halbkreis. Es gibt sechs Mal so viele Teelichte wie Gruppenmitglieder. Ein*e Teamer*in erklärt: Ich lese gleich die Strophen eines Liedes aus dem Liederbuch vor. Das Lied heißt »Meine Kerze«. Nach jeder Strophe habt ihr Zeit, eine Kerze anzuzünden und in die Schale zu stellen.

Alles ohne Worte. Ihr müsst keine Kerze anzünden. Ihr könnt. Und bevor ich die nächste Strophe lese, ist Zeit, etwas in euer Konfi-Buch einzutragen. Ihr könnt auch erst etwas schreiben und dann eine Kerze anzünden. Jede Strophe beginnt: »Meine Kerze brennt für Menschen …« Ihr könnt also in das Buch schreiben, an wen ihr denkt und für wen ihr eine Kerze anzünden wollt. Und es bleibt bei euch, was ihr später davon den anderen vorlest oder für euch behaltet. Habt ihr noch Fragen? | Nachdem alles geklärt ist, langsam und deutlich die erste Strophe lesen und einander Zeit lassen, um Kerzen anzuzünden und Einträge in die Konfi-Bücher zu machen. Ggf. zünden die Teamer*innen als erste eine Kerze an, »um das Eis zu brechen«.

B. Gespräch: Erzählt, was ihr gerade erlebt habt. | Wie habt ihr euch gefühlt? | Konntet ihr euch auf bestimmte Menschen konzentrieren? Wo fiel es leicht, wo schwer? Bei welchen Strophen ist euch jemand eingefallen, bei welchen nicht? | Was meint ihr: War das ein Gebet? Warum? Wenn nicht, was war es dann? | Was gehört für euch zu einem Gebet dazu? Und: Was macht ein Gebet zu einem Gebet? | In welchen Situationen beten Menschen? | Gibt es Momente, in denen ihr betet? | Was haben Kerzen mit einem Gebet zu tun?

C. Etwas vorbereiten: Das Lied »Meine Kerze« hat sechs Strophen. Nach der Kleingruppenarbeit werdet ihr (reihum?) die Strophen vorlesen. Vor der Lesung könnt ihr ein paar Gedanken aus eurem Gespräch mitteilen. Und nach jeder Strophe könnt ihr ein paar Menschen(-gruppen) nennen, an die ihr denkt. Dazu müsst ihr keine privaten Geheimnisse preisgeben. Es gibt andere Möglichkeiten: »Manche von uns denken zum Beispiel an ihre Familie.« »Vielleicht denkt ihr jetzt gerade an eure Freunde.« »Uns fallen dabei zum Beispiel … und … ein.«

6. Kleingruppe: »sich Gutes wünschen und verabschieden« (z. B. unter der Orgelempore)

A. Übung: Lauft schweigend kreuz und quer durch den Raum. Versucht, einander dabei nicht anzuschauen. Rempelt nicht. Ignoriert einander. | Geht weiter schweigend durch den Raum, nehmt vorsichtig Blickkontakt miteinander auf. Blickt einander kurz an und schaut schnell wieder weg. Achtet darauf, mit allen einmal Blickkontakt gehabt zu haben. | Geht weiter schweigend durch den Raum. Nun nickt einander freundlich zu, so als ob ihr euch gerade voneinander verabschiedet. Versucht alle einmal still zu verabschieden. | Geht schweigend weiter und überlegt euch eine Handbewegung, mit der ihr die anderen verabschieden wollt (ein Winken, einen Daumen nach oben etc.). Achtet auf das, was ihr tut, und das, was die anderen tun. | Geht weiter durch den Raum. Denkt euch eine übertriebene Bewegung aus, mit der ihr die anderen verabschiedet – alles noch still! Achtet auf das, was zusammenpasst und was nicht. | Geht weiter durch den Raum und überlegt euch ein Abschiedswort/einen Abschiedssatz für die, die euch gleich begegnen. | Nun verabschiedet einander mit euren Worten und Sätzen. Bleibt bei eurem Spruch, auch wenn er nicht zum anderen passt. | Nun sucht noch nach einer passenden Bewegung, die unterstreicht, was ihr den anderen zum Abschied sagt. | In einem nächsten Durchgang benutzt die Worte: »Geh hin im Frieden des Herrn!« | Und nun sucht auch für diese Abschiedsformel eine passende Handbewegung.

B. Gespräch: Was habt ihr erlebt? Erzählt, was euch auffiel. | Wie habt ihr euch dabei gefühlt? Oder: Was habt ihr dabei gedacht? | Was hat gepasst, was nicht? | Was könnt ihr anhand eines Abschieds von anderen erkennen? | Welche Unterschiede im Verabschieden macht ihr selbst? | Was wollt ihr den anderen signalisieren? | Wie werdet ihr selbst gern verabschiedet und wie nicht? | Welche Abschiede gehen gar nicht? | Wozu sind Verabschiedungen überhaupt gut? | Im Gottesdienst verabschiedet der*die Pfarrer*in die Gemeinde mit den Worten: »Geht hin im Frieden des Herrn.« Was fällt euch dazu ein? | Ganz zum Schluss spricht der*die Pfarrer*in den Segen, der geht so: »Der Herr segne dich und behüte dich. Der Herr lasse leuchten sein Angesicht über dir und sei dir gnädig. Der Herr erhebe sein Angesicht auf dich und gebe dir Frieden.« Was fällt euch dazu ein?

C. Etwas vorbereiten: Nach der Kleingruppenarbeit sollt ihr alle in der Kirche verabschieden. Alle sitzen in den Bänken. Und ihr steht vorn im Altarraum am Mikrofon. Erzählt den anderen etwas aus eurem Gespräch. Erzählt ihnen vom Sinn und Unsinn der Abschiede. Und verabschiedet sie mit eigenen Worten. Was wünscht ihr ihnen? Was wollt ihr ihnen mit auf den Weg geben?

Schreibt euch das auf. Ganz zum Schluss könnt ihr sagen: »Geht hin im Frieden des Herrn: Der Herr segne dich und behüte dich. Der Herr lasse leuchten sein Angesicht über dir und sei dir gnädig. Der Herr erhebe sein Angesicht auf dich und gebe dir Frieden.«

Einen gemeinsamen Durchgang durch Elemente des Gottesdienstes erleben (20 Minuten)

Alle treffen sich in den Bankreihen im Kirchenschiff. Eine*r Hauptamtliche*r moderiert die Gruppen in der Reihenfolge 1 bis 6 an und bittet sie in den Altarraum. Alle Textbeiträge müssen durchs

Mikro gesprochen werden. Stumme Vorführungen oder Aktionen mit allen können im gesamten Altarraum stattfinden. Es gibt ein weiteres Mikrofon in der Hand des*der Hauptamtlichen, sodass ggf. geholfen werden kann.

Die Stunde im Konfi-Raum beenden (10 Minuten)
Nach dem Durchgang durch den Gottesdienst gehen alle zurück in den Konfi-Raum. Nun ist noch Zeit für Infos und Organisatorisches. Am Ende des Kurstages bauen die Teamer*innen ihre Station ab bzw. für den Elternabend auf (siehe S. 28, 7 Was noch geht – der Elternabend). Im Anschluss kann eine Auswertung erfolgen.

5 Stolpersteine

Diese Einheit braucht konzentrierte und wache Teamer*innen, die die Inhalte ihrer Kleingruppenarbeit kennen und beherrschen. Auch gilt es, ihnen Mut zu machen, eine Impulsfrage längere Zeit im Raum stehen zu lassen und nicht vorschnell im Text fortzufahren. Die Fülle der Impulsfragen ist als Anregung gedacht. Die Gruppenverantwortlichen dürfen auswählen. Vor allem die Gruppe, in der es um Gesang und Lieder geht, braucht etwas mehr Unterstützung, falls sich niemand findet, der mit dem EG vertraut ist. Vielleicht kann ein*e Kirchenmusiker*in die Kleingruppenarbeit begleiten. Es ist gut, wenn der*die Hauptamtliche die Möglichkeit hat, die Kleingruppen zu besuchen und auf die verbleibende Zeit hinzuweisen. Die Gruppe zu Lesung und Predigt braucht ggf. zum Ende hin ein paar Mut machende Worte, mit nur einem kleinen Entwurf vor das Plenum zu treten. Sollten die Kleingruppen zu verschiedenen Zeiten fertig werden, ist es wichtig, dass die Teamer*innen die Konfis an ihrem Ort halten, um die anderen nicht zu stören. Dann ist es möglich, alles noch einmal zu üben oder Informelles auszutauschen. Unserer Erfahrung nach waren die Begrüßungs- und die Verabschiedungsgruppe am schnellsten mit ihrem Programm fertig.

6 Pädagogisches Potenzial

Unserer Beobachtung nach kommen die Konfis und ihre Teamer*innen in den Kleingruppen gut ins Gespräch und bearbeiten scheinbar nebenbei die wesentlichen Dimensionen des klassischen Gottesdienstes. Eine Erkenntnis besteht darin, dass »Gottesdienst« etwas mit dem (Alltags-)Leben zu tun hat. Durch die Mischung von Kleingruppenarbeit und Präsentation im Plenum können sich Konfis und Team kennenlernen und sich im geschützten Raum ein erstes Mal der Gruppe stellen. Deshalb ist es wichtig, dass bei der Präsentation eine Hauptamtliche ein zweites Mikrofon zur Verfügung hat, um aushelfen und moderieren zu können. Und tatsächlich entstehen aus der Präsentation der Ergebnisse heraus dichte Momente, die der Feier eines Gottesdienstes durchaus entsprechen. Besonders dann bedarf es einer einfühlsamen, aber schlanken Moderation. Im Anschluss an die Präsentation bzw. den gemeinsam erlebten Werkstattgottesdienst ist eine Reflexion nicht nötig. Wie im Gottesdienst selbst gilt die Regel: »Reden in« statt »Reden über«. (Für kleine Konfi-Gruppen findet sich in dem Entwurf Material für mehrere Treffen.)

7 Was noch geht – der Elternabend

Ist es terminlich möglich, kann zu einem ersten thematischen Elternabend direkt im Anschluss an die Konfirmand*innen-Stunde eingeladen werden. In diesem Falle bleiben die Stationen eingerichtet und werden mithilfe des Teams mit frischem Material bestückt. Wunderbar wäre es, wenn es einige aus dem Team gibt, die bleiben könnten und wie mit den Konfis auch mit den Eltern an ihrer Station arbeiten würden. Ein solcher thematischer Elternabend beginnt im Gemeindehaus im Konfi-Raum mit Begrüßung, Vorstellung der Verantwortlichen und ggf. notwendigen formalen Informationen. Dann kann zum thematischen Teil übergeleitet werden: »Vermutlich möchten Sie wissen, wie wir mit Ihren Kindern arbeiten und was Ihre Kinder mit uns erleben. Deshalb laden wir Sie zu derselben Arbeit ein, die wir heute mit den Konfis gestaltet haben.« Um die Eltern in Gruppen aufzuteilen, empfiehlt es sich, Neigungsgruppen zu bilden, indem die Stationen vorgestellt werden. Dann werden die Eltern von den Teamer*innen an die Stationen geführt. Dort beginnt die Arbeit (ohne den Eintrag in die Konfi-Tagebücher). Insgesamt sind die Zeiten für die Eltern knapper berechnet – unserer Erfahrung nach arbeiten die Erwachsenen zügiger als ihre Kinder. Wir haben erlebt, dass in der anschließenden Präsentation eine gottesdienstliche Feier mit dichten und anrührenden Momenten wahrnehmbar wurde. Auch hier war zum Schutz der Teilnehmenden eine taktvolle und einfühlsame Moderation wichtig. Anders als in der Konfi-Stunde haben wir mit den Erwachsenen eine Rückmelderunde mit dem Impuls »Was haben Sie erlebt?« eröffnet. Die einen äußerten sich positiv zu der Art und Weise, wie wir die Konfi-Arbeit methodisch und didaktisch gestalten. Die anderen blieben nahe beim gerade Erlebten und hofften, dass auch ihre Kinder in ähnlicher Weise emotional angerührt und inhaltlich abgeholt würden. Das Bild vom Ablauf des Lebens in Parallelität zum Ablauf eines Gottesdienstes hatte sich ihnen tief eingeprägt. Viele erzählten dann auch von ihren Erinnerungen aus der eigenen Konfirmand*innen-Zeit und stellten fest, »dass sich da ja inzwischen wohl einiges getan habe«.

3 Mit Konfirmand*innen einfach immer Gottesdienst feiern!

Susanne Dannenmann

Konfirmand*innen und Jugendliche als regelmäßige Akteur*innen in Sonntags- und anderen Gottesdiensten sind eine Bereicherung und sollten das Ziel jeder Gemeinde sein, ob sie nun einen Schwerpunkt in der Konfirmand*innen- und Jugendarbeit hat oder nicht. Bedeutet das nicht eine Überforderung der Hauptamtlichen, der Gottesdienstgemeinde und der Jugendlichen? Nein, meine ich aus meiner Erfahrung in Gemeindearbeit und Schulpfarramt. Es gibt einiges zu bedenken, bevor eine regelmäßige Praxis dann vieles vereinfacht. Doch ist es für eine Gemeinde, die generationenübergreifend leben und feiern möchte, ein wichtiger Schritt auf dem Weg zu einer lebendigen Gottesdienstkultur.

1 Die schlechten Nachrichten zuerst

Wer als Vikar*in den ersten Gottesdienst vorbereitet hat, weiß: Einfach geht anders. Vieles ist zu bedenken, auszuformulieren, liturgisch abzustimmen. Wie viel Arbeit und Können in der Gestaltung eines Sonntagsgottesdienstes, geschweige denn eines Festgottesdienstes steckt, können Gemeindemenschen nur erahnen. Aber sie haben Respekt davor. Ihnen anzubieten, einfach mal das Wort zu ergreifen, eine Predigt zu halten, das Fürbittengebet zu übernehmen, werden viele zunächst und zu Recht abwehren. Die Schwelle ist hoch. Anders ist es in der Arbeit mit Jugendlichen und Konfirmand*innen. Sie sollen im Gottesdienst präsent sein, ihn »jugendlich« gestalten dürfen und ihre Lebenswirklichkeit mit einem biblischen Thema verknüpfen und es kreativ umsetzen. Hinter diesem Anliegen steht oft der unausgesprochene Anspruch, sie mögen auf ihre Art leisten, was Pfarrer*innen häufig schwer fällt, nämlich einen lebendigen, zeitgemäßen und attraktiven Gottesdienst zu gestalten, der auch diejenigen erreicht, die in Tradition und Praxis unserer Gottesdienste nicht zu Hause sind. Das halte ich für eine Überforderung. Einen Gottesdienst zu gestalten, ist Sache der Pfarrer*innen, die dies gelernt haben. Es gibt in Bezug auf die Gottesdienste der meisten evangelischen Gemeinden keine selbstverständliche Praxis des Priestertums aller Gläubigen. Jugendliche erleben die Gottesdienste. Und es ist richtig, dass die im Anschluss an die Shell-Studie von 2018 in Auftrag gegebene Studie der Uni Tübingen zur Religiosität Jugendlicher betont: Kirche, Gottesdienste sagen ihnen nicht viel. Religiös sind sie, beten und glauben viel häufiger an Gott als angenommen, aber die Kirche muss zeitgemäßer werden, um sie zu locken.

Doch wie wird das in der Gottesdienstpraxis umgesetzt, in der die Arbeitsbelastung der Pfarrer*innen und die Bedürfnisse von Jugendlichen, jungen, älteren und alten Erwachsenen in einer Veranstaltung aufeinanderstoßen? Es gibt fantasievolle, aufwendige Entwürfe zu Jugendgottesdiensten. Ich habe geniale Jugend- und Konfirmand*innengottesdienste, von tollen Jugendlichen vorbereitet, erlebt. Daneben habe ich Gottesdienste besucht, denen Mangel an Vorgaben und sorgfältiger Begleitung anzumerken waren: Die Konfis, die ihren Pflichtauftritt absolvieren, haben sich Mühe gegeben, dennoch wirkt alles zusammengeschustert. Die Beiträge kreisen um ein Thema und kommen nicht zum Punkt. Das, was den Jugendlichen am Herzen liegt, kommt nicht bei der Gemeinde an. Das, was in einer Konfirmand*innen-Stunde als spontanes Rollenspiel funktioniert, wirkt unsicher oder nachlässig. Die Gottesdienstsituation und das, was sie beleben sollte, bremsen sich gegenseitig aus. Bei meinen Versuchen, die Welt und die Erfahrungen von Jugendlichen in den Gottesdienst zu integrieren, habe ich gemerkt: Jugendliche sind wertekonservativer (oder zumindest traditioneller), als wir denken. Wenn sie in einen Gottesdienst gehen, wollen sie Gottesdienst erleben, keine Party und kein Festival. Und wenn sie selbst an einem Gottesdienst beteiligt sind, möchten sie sich nicht blamieren, nicht den Rahmen sprengen, sondern ihn so füllen, dass sie stolz und selbstbewusst ihre Arbeit präsentieren und merken, dass ihnen nicht nachsichtiges Wohlwollen, sondern Anerkennung entgegenschlägt. Ihnen dazu zu verhelfen, ist unsere Aufgabe als Pfarrer*innen und Mitarbeiter*innen in der Jugendarbeit.

2 Einfach feiern? Es darf und kann perfekt sein

Jetzt die gute Nachricht. Jugendliche bringen etwas mit, was erwachsene Ehrenamtliche nur selten im Gepäck haben: Sie überschreiten die Schwelle des öffentlichen Auftritts und der selbstbewussten Gestaltung leichter als Erwachsene. Kinder und Jugendliche sind daran gewöhnt, in der Schule zu präsentieren und zu gestalten. Dabei werden sie von den Lehrkräften geführt. Nie würde eine Musiklehrerin auf die Idee kommen, ihre Schüler*innen ein Konzert selbst vorbereiten und aufführen zu lassen, ohne das Bestmögliche aus einem Ensemble herauszuholen. Nie würde ein*e Darstellendes-Spiel-Lehrer*in ein Theaterstück ohne minutiöse Planung und Proben der Schulöffentlichkeit präsentieren. Es muss so perfekt werden, wie es mit den entsprechenden Jugendlichen möglich ist. Niemand möchte sich vor Eltern und Kolleg*innen blamieren oder die Schüler*innen einer peinlichen Situation aussetzen. Wohlwollen, gut gemeinter Applaus wird in der Schule nicht als Erfolg wahrgenommen, sondern als Scheitern. Dieser Ehrgeiz lässt sich infrage stellen. Ich denke jedoch, wir können uns hier eine Scheibe abschneiden und dieselbe Sorgfalt, die wir für die eigene Gottesdienstvorbereitung aufwenden, auch in die Arbeit mit Jugendlichen stecken. Sie sind bereit, zu Hochform aufzulaufen und »aufzutreten«. Dazu brauchen sie klare Vorgaben, Struktur und in der Sache kompetente Begleiter*innen. So wachsen sie über sich hinaus und tragen mit dazu bei, Gottesdienste zu erhebenden, begeisternden Erlebnissen werden zu lassen.

3 Einfach zusammen feiern – die Praxis

1 Sonntagsgottesdienste – was Pfarrer*innen ohne großen Aufwand beachten können

In der Diskussion, ob Konfis eine Pflichtanzahl von Gottesdiensten besuchen sollen, gibt es für beide Standpunkte gute Argumente. Ein Argument gegen den Pflichtbesuch ist, die Gottesdienste seien nicht für Jugendliche gedacht und sollten ihnen daher nicht als obligatorisch zugemutet werden. Aus meiner Sicht sind Jugendliche (ob aktiv oder nicht) eine Bereicherung für jeden Gottesdienst. Pfarrer*innen können dazu beitragen, ihn auch zu einem Zuhause für Jugendliche werden zu lassen, ein Zuhause, das sie wie in einer Familie mit anderen teilen: Nicht alles ist für sie gedacht und gemacht, aber sie sind mit im Blick. Sache der Pfarrer*innen ist es, Anknüpfungspunkte zu schaffen, z. B. durch eine Sequenz in der Predigt, die Themen der Konfirmand*innenarbeit aufnimmt. Die Konfis wissen das zu schätzen. Es gehört gar nicht so viel dazu, dass sich Jugendliche einbezogen fühlen.

2 Einfache Möglichkeiten zur regelmäßigen und besonderen Einbindung von Konfirmand*innen in den Gottesdienst

Zunächst können Konfis, die sich mit Auftritten schwertun, den Kirchdienst mit Erwachsenen teilen: Kollekte einsammeln, Gesangbücher austeilen, beim Abendmahl assistieren … Vorsicht ist da geboten, wo »Altgediente« im Kirchdienst das Gefühl bekommen, verdrängt zu werden. Doch diese lassen sich als Coaches gut einbinden, wenn sie die verantwortungsvolle Aufgabe wahrnehmen, die Jugend an den Gottesdienst heranzuführen. Es ist nicht nötig, viele jugendgemäße Elemente vorzubereiten. Es reicht, jeweils ein Element des agendarischen Gottesdienstes so zu gestalten, dass es (regelmäßig mindestens einmal im Monat) von Jugendlichen übernommen werden kann. Die Lesung lässt sich z. B. in gut lesbaren Absätzen vorbereiten, sodass zwei bis drei Konfis sie üben und im Wechsel lesen können. Beispiele für Textlesungen, die ohne großen Aufwand umgesetzt werden können, finden sich z. B. bei Jochen Arnold und Fritz Baltruweit (Lesungen und Psalmen lebendig gestalten, Hannover 2004). Sie lassen sich auch selbst aufschlüsseln und ggf. durch die BasisBibel oder Gute Nachricht Bibel ersetzen. Meist reicht es zur Vorbereitung, den Konfis den Text mitzugeben und sie zu bitten, ihn in unterschiedlichen Situationen mehrere Male laut zu lesen und auf Emotionen zu achten, die enthalten sind. Eine halbe Stunde vor dem Gottesdienst üben sie dann in der Kirche (ggf. mit Mikro!) unter Anleitung. Schwerhörige Gottesdienstbesucher*innen bleiben im Blick. Auch Auftritt und Abgang werden geübt und vermitteln zusätzlich Sicherheit. Lesungen der im öffentlichen Reden geübten Jugendlichen sind häufig anschaulicher und besser zu verstehen als die von erwachsenen Lektor*innen, die eine Anleitung ablehnen. Dialogtexte der Bibel eignen sich besonders. Schwierige Episteltexte können durch sie aufschlüsselnde Präfamina (vor-)lesbarer werden.

3 Erweiterung von Bibeltexten durch Konfirmand*innen

Die Lust bei Konfis, eigene Texte zu schreiben bzw. aufwendige Präsentationen umzusetzen, ist nur bedingt vorhanden. Daher bin ich dazu übergegangen, ihre Ideen abzufragen und Textcollagen zusammenzustellen. Umso wichtiger ist es, das Ergebnis den Konfis wieder vorzulegen und sie wiederum überarbeiten zu lassen. Das braucht Zeit und sorgt dafür, dass ein gut hörbarer Text herauskommt. Für Anspiele zu Bibeltexten, sowie erweiterte Lesungen habe ich den Jugendlichen eine bibliologartige Vorlage gegeben.

Hier ein Beispiel zu 1. Mose 16 im Zusammenhang des Kirchentagsthemas 2017 »Du siehst mich« im Rahmen eines Schulgottesdienstes mit einer 7. Klasse: Unter die einzelnen Sequenzen des abgedruckten Bibeltextes hatte ich kurze Impulse geschrieben: »Sara denkt:« / »Abraham denkt:« / »Hagar denkt:« / »Der Brunnen denkt:« / »Der Engel des Herrn denkt:« und dann die Beiträge auf den Text verteilt. Hier ein Auszug:

Erzähler*in: Abrahams Frau Sara bleibt kinderlos. Sie hat aber eine ägyptische Sklavin namens Hagar.
Sara: Mann, jetzt sind wir in dieses blöde Land gezogen, um Kinder zu kriegen und es passiert nichts! Abraham ist einfach zu alt! Und dann behauptet er, ich wäre nur auf mich bezogen. Eine Frechheit ist das!
Erzähler*in: So sagt Sara zu ihrem Mann: »Du siehst, Gott hat mir keine Kinder geschenkt. Aber vielleicht kann ich durch meine Sklavin zu einem Sohn kommen. Ich überlasse sie dir.« Abraham ist einverstanden, und Sara gibt ihm die ägyptische Sklavin Hagar zur Frau. Er lebte damals schon zehn Jahre im Land Kanaan.
Abraham: Ehrlich gesagt, mir ist es nicht wichtig, von wem ich das Kind bekomme. Ich werde immer älter. Es wird Zeit.
Sara: Abraham war sofort einverstanden. Er hätte wenigstens ein bisschen darüber diskutieren können, dass er mich jetzt für

einige Zeit verlässt. Aber er ist es ja, der unbedingt ein Kind will. Und ich bin wahrscheinlich zu alt dafür.

Hagar: Hä? Ist die bescheuert? Ich soll für sie ein Kind bekommen? Mit ihrem Mann?!?

Erzähler*in: Abraham schläft mit Hagar und wird schwanger. Als sie merkt, dass sie ein Kind bekommt, beginnt sie auf ihre Herrin herabzusehen.

Hagar: Ich weiß, dass das Kind eigentlich für Sara gedacht ist, aber wenn ich genau darüber nachdenke, dann gehört es eigentlich mir!

Sara: Ich habe ja nicht wirklich gedacht, dass das klappt. Aber jetzt? Was bildet sich diese Zicke eigentlich ein, so hochmütig zu sein. Sie verachtet mich. Sie macht sich über mich lustig. Sie gibt an! Ich muss Hagar von Abraham trennen. Sie ist meine Sklavin, mein Besitz! Na gut. Dann quäle ich sie halt und gebe ihr schwere Arbeiten. (…)

Psalmen und Kyriegebet sind eine Möglichkeit zur kreativen Einbeziehung der Gedanken Jugendlicher. Etwas aufwendiger ist eine Collage aus Liedern, Gedanken und Psalmworten. Dazu lasse ich die Konfis einzelne Wörter des Psalms im Schreibgespräch auf ein Blatt schreiben und ermuntere sie, alles dazu zu äußern, was ihnen durch den Kopf geht, auch Widersprüche, scheinbar Albernes, Gefühle, Bilder, Erfahrungen, die ihnen einfallen. Eine andere Möglichkeit besteht darin, »Elfchen« zu schreiben – z. B. zu einem Konfirmationsgottesdienst zum Thema »Gott in den Himmeln – fliegen lernen«:

Erste Zeile ein Wort: »Fliegen«.
Zweite Zeile zwei Worte: Eine Umschreibung dafür.
Dritte Zeile drei Worte: Was verbindest du damit?
Vierte Zeile vier Worte: Dein Kommentar dazu.
Fünfte Zeile ein Wort: Dein Fazit.

Zusammen sind es elf Worte – ein »Elfchen«. Ich schreibe alle Assoziationen der Konfis zu den einzelnen Abschnitten hintereinander auf und gestalte so den Psalm und das Kyriegebet. Hier ein Ergebnis aus Elfchen und Assoziationen zu Bibelsprüchen. Es wird im Wechsel von zwei bis drei Konfis gelesen:

»Und ich sprach: Hätte ich doch Flügel wie die Taube, ich wollte hinfliegen und ruhen.« (Psalm 55,7)

Fliegen,
frei sein,
über Wolken schweben,
sich in die Luft schwingen.
Schön.

Gleiten, treiben, vom Himmel aus die braune Erde sehen, die ganze Welt,
schwerelos in der Luft schweben, mich lösen von den Problemen, alles loslassen, befreit und beschwingt, einfach glücklich sein, Spaß haben.

»Nähme ich Flügel der Morgenröte und bliebe am äußersten Meer, so würde auch dort deine Hand mich führen und deine Rechte mich halten.« (Psalm 139,9–10)

Frei sein, Lust zu reisen, unabhängig, auch in gefährlichen Winden,
trotz Angst die Weite und die Luft hemmungslos genießen.

In die Unendlichkeit tauchen, Spannung und freier Fall, den Fahrtwind in den Flügeln spüren,
gefährlich und schnell und aufregend, über Meere und Berge gleiten.

Im Sturm und in der Stille des Windes, beim Gleitflug und Sturzflug,
und auch, wenn ich alleine bin und kein Flughafen in Sicht:
Immer bist du da.

Aus der Bergpredigt hören wir: »Seht die Vögel im Himmel. Sie säen nicht, sie ernten nicht und Gott ernährt sie doch.« (nach: Matthäus 6,26)

Sorgen verfliegen in der schwebenden Luft, heiter und wunderschön,
unbeschwert von allen Lasten, entspannt und frei.

Fröhlich und heiter, hoch in den Lüften segeln,
ruhig und leise und weich, die Schwerkraft nicht spüren.
Alles sehen ohne Angst, neu betrachten, glücklich sein dürfen,
weil du uns hältst.

Paulus hat erfahren: Wo aber der Geist Gottes ist, da ist Freiheit.
(2. Korinther 3,17b)

Hoch in den Lüften bin ich leise entspannt.
Unabhängig und befreit von der Angst voller Erleichterung,
für einen Moment unsterblich.

[Zwei im Wechsel der Zeilen:]
frei
die Liebe zu fühlen, zu lieben
frei
wunderbar, toll, cool
frei
zu fliegen
frei
unbeschwert
frei
unbegreiflich
frei
schön
Freiheit
Freiheit in allen Wegen.
Alle: Freiheit in deinem Geist.

Fürbitten: Fürbittenideen zu sammeln, ist eine leicht umsetzbare Möglichkeit, Konfis einzubeziehen. Dabei ist es mir wichtig, konkrete Vorgaben zu machen. Beten muss zuvor Thema der Konfi-Arbeit gewesen sein und die Fürbitten-Bereiche müssen klar benannt und unterschieden werden: z. B. Bitten für Einzelne, die Welt, die Kirche(n), die (eigene) Gemeinde. Möglich ist es auch, zu dem jeweiligen Thema Anregungen/Fragen vorzubereiten oder auch Zitate/Aphorismen/Bibelworte bereitzustellen, aus denen die Konfis etwas Eigenes entwickeln können.

4 Fazit

Ein Gottesdienst ist eine Feier der gesamten Gemeinde. Das sollte auch durch die aktive Partizipation der Konfis sichtbar und hörbar sein, indem sie mitfeiern können, ohne dabei überfordert zu werden oder andere zu überfordern. Dass Kirche jugendgemäßer sein soll, indem sie Jugendlichen mehr Verantwortung und Eigenständigkeit gibt, ist ein Appell, der an Grenzen stößt: Grenzen bei der Umsetzbarkeit angesichts der vielfältigen Aufgaben der Hauptamtlichen; Grenzen auch bei den Jugendlichen selbst, die bereit und in der Lage sind, etwas Eigenes beizutragen, allerdings in Maßen und mit fachkundiger, sicherer Begleitung. Als Verantwortliche für die Leitung von Gottesdiensten bin ich daher die oben beschriebenen Wege gegangen, um die respektvolle Wahrnehmung von Jugendlichen im Gottesdienst zu ermöglichen, ihre Sicht auf Bibel und Glauben den Erwachsenen zugänglich zu machen und dabei meine Ansprüche an einen Gottesdienst für alle ernst zu nehmen. Ist es nicht unser Ziel, dass die heutigen Jugendlichen auch später in der Kirche nicht nur ein Zuhause finden, das sie dann gelegentlich zu Hochzeiten und Taufen besuchen, sondern eben auch, dass das Leben der Kirche durch die Fragen, Bedürfnisse und die Lebenswirklichkeit möglichst unterschiedlicher Lebensalter geprägt wird? Dann sollten wir die Konfirmand*innenzeit, in der sie bereit sind, sich auf eine Gemeinde und ihren Gottesdienst einzulassen, nicht ungenutzt verstreichen lassen! So können wir dazu beitragen, dass sie sich in dieser Zeit dort einleben, gesehen und gehört werden und sich daran freuen.

4 Das Tauffest

Jasmin El-Manhy

1 Die Idee

»Die Taufe ist ein Fest der ganzen Gemeinde. Sie ist mehr als ein Familienfest.« Diesen Satz haben wir manches Mal als Vorwurf zu hören bekommen, wenn es um die Taufsamstage ging, die wir schon seit einigen Jahren in unserer Gemeinde feiern. Gern werden Taufen, die nicht in den sonntäglichen Gemeindegottesdiensten stattfinden, als »Winkeltaufen« bezeichnet. Für die Taufen der Konfirmand*innen wollten wir diesen Satz ernst nehmen. Wie schön, wenn die ganze Gemeinde die Taufen dieser Jugendlichen »einfach mal feiert«, zumal die Konfirmationsgottesdienste von vielen Gemeindegliedern nicht besucht werden. Und wie entlastend ist es für die Familien, dass sie nicht zwei Familienfeste in kurzer Zeit hintereinander ausrichten müssen: Erst die Taufe und vier Wochen später die Konfirmation.

2 Vorbereitungen

Also luden wir zu einem Tauffest mit Gottesdienst und anschließendem Straßenfest vor der Kirche ein. Als Erstes beantragten wir die Straßensperrung. Dann luden wir ein: die Konfirmand*innen und ihre Familien schriftlich mit einer schönen Karte, auf der auch die Namen der Täuflinge abgedruckt waren, die Gemeinde durch Aushänge und Abkündigungen. Die Familien der Konfirmand*innen baten wir, Kuchen zu backen und mitzubringen. Diese konnten vor dem Gottesdienst im Gemeindebüro abgegeben werden. Die Tauffamilien hatten wir zuvor bereits auf einem Elternabend informiert und alle Familien dann noch einmal angerufen. Sie wurden gebeten, die Biertische zu schmücken, die wir für das Fest auf der Straße aufstellten. Mit Tischdecken und Blumen und was ihnen sonst noch einfiel. Außerdem baten wir sie, eine Person zu schicken, um mit uns vor dem Gottesdienst die Tische und Bänke aufzubauen. Geschirr und Besteck brachte jede*r selbst mit, wie bei einem Picknick an Tischen. Heiße und kalte Getränke stellte die Gemeinde.

3 Der Gottesdienst

Von den rund 100 Konfirmand*innen unserer Gemeinde waren 21 nicht getauft. Das bedeutete: eine Form finden, um 21 Taufen in einem Gottesdienst zu feiern. Da wir eine fusionierte Gemeinde mit drei Predigtstätten sind, holten wir die Taufbecken aus den anderen zwei Kirchen, sodass wir in einer Kirche drei Tauforte hatten. Die Konfirmand*innen verteilten wir auf diese drei Orte und stellten die Taufkerzen der Jugendlichen vor Beginn des Gottesdienstes an das jeweilige Taufbecken, ebenso die Urkunden.

Nach der Lesung des Taufevangeliums und den Tauffragen an die Eltern, die Jugendlichen und die Gemeinde sprachen wir gemeinsam das Glaubensbekenntnis. Anschließend leiteten wir die Taufen ein:

> »Wir haben gesungen, gebetet, auf die Schrift gehört und unseren Glauben bekannt. Jetzt können wir taufen. Wir taufen an drei Orten in der Kirche. Liebe Konfirmand*innen, die wir heute taufen, wir bitten euch jetzt gemeinsam mit euren Assistent*innen zu eurem Taufbecken zu gehen.«

Dort stellten sich die Jugendlichen jeweils mit ihrer Begleitperson gemeinsam im Kreis um das Taufbecken herum auf.

> »Und nun gehen wir als Gemeinde an die Taufbecken. Das machen wir singend.«

Wir haben ein Taizé-Lied angestimmt und uns um die Taufbecken verteilt.

Getauft wurde ohne Mikrofon parallel an den drei Orten. Nacheinander wurden die Jugendlichen erst namentlich aufgerufen, dann der Taufspruch verlesen Das übernahmen die Teamer*innen.

Anschließend wurde die Taufhandlung vollzogen und die Getauften gesegnet. Nach den Taufen ging jeweils ein*e Assistent*in jedes Taufbeckens mit einer Taufkerze zur Osterkerze und brachte für alle anderen das Osterlicht. Das Licht wurde weitergegeben, bis alle Taufkerzen brannten. Dann stimmten die Taufgruppen in den Kanon »Es ist wahr« (»Berliner Lieder«, hg. von G. Brick, M. Kurepkat, O. Trenn, Strube Verlag, München 2014, Nr. 8) ein. Wir sangen so lange, bis wir hörten, dass alle Taufgruppen mitsangen. Der Gesang klang langsam aus, und die Gemeinde ging wieder an ihre Plätze. Es folgen die Fürbitten. Insgesamt dauerte der Gottesdienst 50 Minuten.

4 Das Fest

Zum anschließenden Fest luden wir auch den Posaunenchor ein. Der sorgte für festliche Stimmung. Die Gemeinde verteilte sich an den Tischen und Bänken, kreuz und quer. Wer sein Geschirr und Besteck vergessen hatte, konnte es sich im Gemeindebüro leihen. Außerdem baten wir eine Fotografin, Fotos von den Tauffamilien zu machen. Es kamen Familien mit vielen Angehörigen, kleinere Gruppen und Alleinerziehende mit ihren Kindern. All das spielte keine Rolle, weil alle beieinandersaßen. Was viel ausmachte, waren die liebevoll geschmückten Tische und die selbst gebackenen Kuchen. Die Tauffamilien freuten sich in der Regel darüber, dass sie eine Aufgabe hatten und auf die Weise auch zu den Einladenden gehörten. Es wurde lange gefeiert und dann gemeinsam aufgeräumt.

5 Einfach Mahl feiern

Olaf Trenn

1 Das Setting

Es ist eines dieser typischen Konfirmand*innen-Wochenenden zum Thema »Abendmahl«. Da die Gruppe groß ist, übernehmen Ehren- und Hauptamtliche verschiedene Stationen. Die Jugendlichen besuchen sie in einem rollierenden Verfahren in Kleingruppen. An jedem neuen Ort beleuchten sie mit ihren instruierten Ansprechpartner*innen jeweils einen Aspekt des Themas (z. B. Was ist ein Sakrament, Mahlgeschichten in der Bibel, das letzte Abendmahl, Brot und Wein: Nahrung und Symbol, Gedächtnis, Gemeinschaft, Vergebung …). Nach und nach durchlaufen die Kleingruppen ein vielschichtiges Kennenlernen und schrittweises Verstehen unterschiedlicher Gehalte des Herrenmahls. Für jede Station ist ein Raum eingerichtet, sind Materialien zurechtgelegt, unterschiedliche Übungen, Methoden, Medien, Gesprächsimpulse etc. vorbereitet. In die die Konfi-Zeit begleitenden Tagebücher können die Konfirmand*innen, angeregt durch zu den Stationen passende Impulssätze, Einträge vornehmen. Mit diesen erschließen sie sich ein eigenes Vokabular, um zukünftig sprach- und auskunftsfähig zu sein. Während die Konfirmand*innen im Stundentakt Neues bedenken, üben und erleben, richten sich diejenigen, die die Stationen betreuen, darauf ein, dieselbe Einheit in wechselnden Kleingruppen anzubieten. Das ist manchmal ermüdend. Oder sie lernen aus dem ersten Durchgang für den zweiten. Oder sie wechseln sich ab. Oder …

2 Die Idee

Hier soll es nur um eine der Stationen gehen. Sie kommt in den meisten gemeindepädagogischen Veröffentlichungen zum Thema »Abendmahl« zu kurz. Vielleicht, weil sie sich von selbst versteht. Vielleicht, weil sie nicht stattfindet, sondern einem genuin gottesdienstlichen Kontext vorbehalten ist: »Einfach Mahl feiern« – ein probeweises Feiern einer kleinen Gruppe in der Kirche im Stuhlkreis vor dem Altar mit angezündeten Kerzen, Blumenschmuck, den *vasa sacra* (also dem liturgischen Gerät), Brot und Wein (Saft) und einem Formular, das auf einer Din-A4-Seite schön layoutet durch die in der Gemeinde übliche Abendmahlsliturgie führt.

3 Die Konkretion

50 Minuten ist für jede Station vorgesehen, 10 Minuten für die Wechsel und kleine Pausen. So gibt es zu jeder vollen Stunde einen neuen Angang aufs Thema. Jugendliche aus dem Konfi-Arbeit-Team begleiten die Kleingruppen von Station zu Station, hinein in die vorbereitete Kirche und zum Stuhlhalbkreis vor dem Altar. Was an der Station passiert, ist methodisch wenig spektakulär: Die Pfarrperson empfängt die Gruppe und moderiert sie durch die Abendmahlsliturgie.

Natürlich wird zunächst der Altar in Augenschein genommen, die Gegenstände auf ihm, ggf. eine Abendmahlsdarstellung (Predella/Retabel) betrachtet und darüber informiert, wann und wie oft in dieser Kirche Abendmahl gefeiert wird. Oblaten werden ausgeteilt und dürfen gegessen werden. Woraus bestehen sie? Woher bezieht die Gemeinde sie? Wo werden sie aufbewahrt? Und ein leerer Kelch geht herum: Wie alt ist er? Gibt es Details auf ihm zu entdecken? Wo wird er aufbewahrt? Wie wird er gereinigt?

Das Liturgie-Blatt wird ausgeteilt. Die Pfarrperson muss je nach Gruppe manches/vieles erklären. Die Gruppe fragt nach und darf sich hoffentlich an eigenen Deutungen versuchen. Es ergeben sich kleine Gespräche zu alten Worten und Wendungen. Alle Teile der Liturgie werden nun der Reihe nach gesprochen, gesungen, geübt, erklärt – und ggf. gebetet. Das schmeckt alles ein wenig altbacken, klingt frontal, riecht nach Evangelischer Unterweisung, fühlt sich rückständig an – und ist dennoch im Kanon der methodisch vielfältig angelegten Stationen spannungsreich und feierlich. Selten habe ich Konfis so konzentriert »bei der Sache« erlebt: Der Ort und die Gegenstände, das tapfere Singen und sein Nachhall, das anklingende Heilige – all das wirkt und wirkt nach. Und die Jugendlichen sitzen in der ersten Reihe, sind nahe dran, viel näher noch am Altar und am Geschehen als in den für sie und mit ihnen gestalteten Gottesdiensten in der Konfirmand*innenzeit. Abendmahlsliturgie geschieht als ein eher ungezwungenes, performatives Einüben in kleinem Kreis. Der Vollzug der Liturgie wird häufig unterbrochen, kommentiert, erklärt. Und dennoch vollzieht sich Liturgie, sind die Jugendlichen hineingenommen in ein Geschehen, das über das bloße Erklären hinaus wirkt, sich ereignet.

Zu gegebener Zeit spricht die Pfarrperson die Einsetzungsworte und mit der Gruppe das Vaterunser, gibt Tipps und Anregungen zum Empfang der Elemente, teilt die Oblaten aus und reicht den Kelch – so, wie es üblich ist. Die Jugendlichen empfangen Brot und Saft, lernen im Vollzug, essen und trinken. Wahrscheinlich ist die Gruppe dazu aufgestanden und hat für diese Phase das Liturgie-Blatt auf den Stühlen liegen lassen. Das Einnehmen der Elemente wird nicht als ein besonderer Moment im Programm hervorgehoben, ist zuweilen ein kommentiertes Geschehen, Fragen und Anmerkungen sind selbstverständlich erlaubt, für manch empfundene Spannung macht manche Person eine komische Bemerkung. Und es kann genauso gut passieren, dass die kleine Gruppe ruhig wird, still die Elemente empfängt, ganz bei sich ist, die Stille und die Gaben genießt und für einen Moment das lockere Übungssetting vergisst.

4 Das Fazit

Irgendwann ist das Liturgie-Blatt abgearbeitet und wird beiseitegelegt oder ins Tagebuch geklebt. Vielleicht ist noch Zeit für einen kurzen Austausch: Was habt ihr erlebt? Welche Fragen kommen euch jetzt? Eine Konfirmandin fragte mich spontan: »Haben wir gerade eben wirklich Abendmahl gefeiert oder es nur geübt?« Ich habe die Frage an die Gruppe zurückgegeben, und die Konfirmandin bekam aus der Gruppe drei verschiedene Antworten: 1. »Wir haben nur geübt. Jeder Schritt wurde kommentiert wie bei einem Training. Wir haben Fragen gestellt. Wir haben Sachen ausprobiert, damit wir sie dann können, wenn es soweit ist.« 2. »Wir haben eben Abendmahl gefeiert. Alles, was zu einem Abendmahl gehört, fand statt: Die Liturgie, die Einsetzungsworte, das Vaterunser, die Austeilung …

Und wir haben Brot und Kelch empfangen – das war Abendmahl.«
3. »Das hängt von jeder einzelnen Person ab, die hier im Raum ist. Für die einen mag es Abendmahl gewesen sein, für die anderen vielleicht nicht.« Das alles geschieht gleichzeitig. Und jede Person nimmt es anders wahr. Seither gehört die Frage zu meinem festen Repertoire. Natürlich hoffe ich weiter, dass sie von einer*einem Konfirmand*in gestellt wird. Ansonsten stelle ich sie. Und sie kann auch eine Anregung für eine individuelle Antwort sein, die die Konfirmand*innen in ihre Tagebücher schreiben.

Theologisieren mit Jugendlichen, performative Konfirmand*innenarbeit, liturgisches Lernen im Vollzug: Vielleicht feiern viele andere Pfarrpersonen einfach mal ein Mahl auf diese Weise. Meine Erfahrungen machen dazu Mut.

Feier-Laune –
kein Fest ohne Anlass

Dieter Niermann

Abi-Party mit Schatzsuche und Blinde Kuh? Richtfest im Smoking und mit Sektempfang? Kindergeburtstag mit Grußworten und Streichquartett? Denkbar als satirische Aktion oder Provokation. Unpassend wirken diese Vorstellungen, weil Art und Gestaltung der Feier den Anlass nicht wirklich widerspiegeln und den Gästen kaum gerecht werden.

Ein Fest ohne Anlass – Wozu sollte ein solches Fest überhaupt stattfinden?

Die äußere Form ist idealerweise ein Gefäß, in das der innere Grund zur Freude und die eigene Feierlaune hineingegeben werden. Wie schön, wenn beides gut zueinander passt, wenn das Festgeschehen als »sprechende Form« daherkommt, die auf wunderbare Weise den Grund zum Jubel oder die Jubilarin zum Ausdruck bringt. Es braucht das Wissen um den Anlass für ein Fest!

So manches routiniert veranstaltete Gemeinde*fest* muss sich fragen lassen, ob die Feierlaune, tatsächlich am Anfang der gemeinsamen Planungen und der Umsetzung steht. Keine Frage: Gutes Management und bewährte Ideen sind ein Schatz und erleichtern die Festvorbereitungen ungemein. Und doch ersetzen sie nicht, dass in uns etwas nach Feiern schreit, das in Form gebracht werden will – dass es Grund zur Freude gibt!

Feste sind Höhepunkte, sind Kristallisationspunkte von Dankbarkeit und Freude. Sicher: Das ganze Jahr über freuen wir uns, dass es dich gibt, so wie du bist! Doch deinen Geburtstag, Tauf- oder Namenstag nehmen wir als das Datum (lat. »Gegebenes«), an dem wir diesen Glücksgrund auf den Sockel stellen und ins rechte Licht rücken.

1 Grund zum Feiern! Die Aktion »A(c)ktie«

Dieter Niermann

1 Wie alles begann – die Idee »von hinten betrachtet«

… und am Ende gab's ein Fest!

Es gab ein Fest, weil alles zusammenkam: Grund zum Feiern. Ein naheliegender Termin. Ein große Menge Menschen in Feierlaune. Und etwas Gemeinsames zu tun.

Nach vielen Jahren ohne ein »Gemeindefest üblicher Bauart« kamen einige hundert Menschen rund um die Kirche unseres Stadtteils zusammen. Ein Sonntag im Oktober – Erntedank. Und diesmal gab es eine konkrete Ernte, die es aufzuteilen und zu feiern galt. Drei große landwirtschaftliche Anhänger standen auf dem Kirchplatz. Ein Traktor hatte sie nach und nach vom Hof eines Bauern aus dem Gemeindegebiet hierhergezogen. Mit Kartoffelgabeln und bloßen Händen füllten sich neben den Anhängern unzählige Kartoffelsäcke. Fleißige Menschen jeden Alters wogen ab, schleppten beiseite, stapelten Säcke und befestigten kleine Schilder mit Nummern und Namen daran.

An anderen Stellen rund um Kirche und Gemeindehaus wurden Fotos der Aktion getauscht, in der »Siedler-Zeitung« geblättert, Reibekuchen gebacken und Kartoffelbrot mit Schmalz oder Marmelade genossen. Am Feuer und aus dem Ofen ließen sich die ersten Kartoffeln der neuen Ernte mit Quark oder auch mit Butter und Salz verkosten. Kartoffeldruck, Sackhüpfen, Schubkarren-Slalom und diverse Schätzaufgaben wurden von Klein und (mit wachsender Begeisterung) auch Groß absolviert – ein buntes Treiben mit der kleinen Knolle im Mittelpunkt.

2 Was gab es zu feiern?

Nicht jede Kartoffel versetzt spontan eine ganze Gemeinde in Feierlaune. In diesem Fall waren es gut 20.000 Kartoffeln, die von vielen Händen der Konfi-Gruppen und anderer Kreise der Gemeinde im Boden eines gepachteten Ackers gepflanzt wurden. Etwa das 20-fache an Ertrag war Ende September geerntet worden – wieder mithilfe einer großen Menge von Gemeindegliedern.

Damit ging ein ungewöhnliches Jahr für mehrere hundert Menschen zu Ende. Gemeinsames Tun und Eigentum verbinden. Und eben das haben die Siedler*innen des Kartoffelprojekts der Gemeinde tatsächlich erfahren. Allen voran die Jugendlichen des laufenden Konfi-Jahrgangs! Nach pflanzen und häufeln, nach Kraut rupfen, Kontrollradtour und Käfer sammeln konnte im Spätsommer geerntet werden. Große Freude über den Ertrag – große Freude auch am gemeinsamen Erleben. Wenn das kein Grund zum Feiern ist!

Und so war das Fest nicht einfach »gesetzt« oder gar bloße Routine. Es ergab sich aus dem Geschehen der Monate zuvor. Das Fest war nicht für sich genommen das Ziel der Aktion, sowenig, wie das generationsübergreifende Projekt lediglich der Festvorbereitung diente. Vielmehr waren beide, Vorhaben und Fest, ohne einander nicht wirklich denkbar.

3 Wie wurde das möglich?

Immer mal wieder ergaben sich aus den Jahresthemen der Gemeinde Projekte rund um Acker- oder Pflanzaktionen. Die allererste dieser Projektideen wollte es Menschen leicht machen, sich einmal an einem Vorhaben der Gemeinde zu beteiligen. Leicht dadurch, dass jede*r die eigene »Nähe zum Vorhaben«, das Maß eigener Verbundenheit und eigenen Engagements selbst wählen und variieren konnte. Die Klammer um alle, die sich beteiligen wollten, bildete ein Kartoffelacker und der Plan, diesen gemeinsam zu beackern. Zwei Eckpunkte wurden verabredet, die allen Beteiligten als »Pflichttermin« ans Herz gelegt wurden: das Setzen der Saatkartoffeln und das Einbringen der Ernte. Übers Jahr fanden weitere Angebote ihren Platz: regelmäßige Radtouren aus dem städtischen Gemeindegebiet raus zum Acker in einem der gemeindezugehörigen Dörfer, Hack- und Kartoffelkäfer-Sammelaktionen, eine Kartoffel-Koch-Gruppe, die eine eigene Rezeptsammlung herausgeben wollte, Projekttage vor Ort mit den Gruppen der Konfirmand*innen oder Kita-Kinder, ein »Kartoffel-Ball« und anderes mehr. »Böttjers Acker«, so hieß es im Gemeindebrief, »wird uns ein Jahr lang verbinden.«

Um teilzunehmen, mussten Familien und Einzelpersonen, Freundeskreise und Grundschulklassen, Senior*innen, Kinder und Jugendliche Teilhaber*innen werden. Und damit hatte das Vorhaben auch schon seine sehr öffentlichkeitswirksame äußere Form gefunden: Die Gemeinde gab »A(c)ktien« aus – kein Tippfehler, denn es sollte ja um Anteilsscheine an einem gemeinsamen Acker gehen.

Jede A(c)ktie entsprach einem 600. Teil der gepachteten Fläche von insgesamt gut zwei Morgen Ackerland. Wer also einen solchen Anteilsschein erwarb, konnte von den etwa fünf- bis sechstausend Quadratmetern der Anbaufläche etwa 10 Quadratmeter sein*ihr »Eigen« nennen und sich auf den 600. Teil der geernteten Kartoffeln freuen. Fünf Euro kostete die A(c)ktie zum persönlichen Besitz oder zum Weiterverschenken in der Weihnachtszeit. Der Absatz der Wertpapiere wurde über das Gemeindebüro abgewickelt und lief hervorragend! Kein Wunder, konnte doch auf jeden Fall mit Ertrag gerechnet werden, was nicht bei allen Aktien so selbstverständlich ist.

Schnell wurde im »Kartoffelrat« klar: 600 A(c)ktionär*innen – das können schnell auch mehr als 600 Beteiligte werden, die zum Pflanzen und Ernten am Acker zu erwarten sind. Im Zuge der Verkaufsaktion klärte sich diese Zahl dann ein wenig: Viele Familien kauften gleich mehrere A(c)ktien, sodass sich ausglich, dass hinter manchem Wertpapier gleich eine ganze Konfirmand*innengruppe oder Schulklasse stand. Letztlich waren es ca. 500 Menschen, die bei den gemeinsamen Pflichtterminen auf dem Acker waren.

4 »Im Märzen der Bauer …«

Die Frühjahrssonne blickt auf einige hundert Radfahrer*innen, die sich an einem Samstagmorgen auf einem großen Parkplatz im Stadtteil sammeln. Einige tragen Warnwesten und sorgen dafür, dass sich die Menge in straßenverkehrsverträglichen Gruppen auf die gut sechs Kilometer lange Radtour raus zum Acker begibt. Dort treffen andere A(c)ktionär*innen ein, die in Fahrgemeinschaften oder gleich zu Fuß aus der näheren Umgebung den Weg zurückgelegt haben. Nach einer Begrüßung vom Dach eines Kleinbusses und einem gemeinsamen Frühlingslied ergreift unser Verpächter das Wort. »Die Städter« erfahren nun, wie der komplexe Vorgang des Kartoffelsetzens in die vorbereiteten Furchen zu erfolgen hat: Die Kartoffel muss in die Erde und dann mit dem Fuß oder der Schaufel von Erde bedeckt werden. Alles halb so schlimm. An mehreren Punkten geben die Kartoffelrat-Aktiven Pflanzkartoffeln aus; mit kleinen Eimern bewaffnet sind in den vielen Reihen des Ackers Groß und Klein unterwegs. Mit kleinen Fähnchen markiert man das Ende der Reihe, wenn man zurückgeht, um neue Kartoffeln zu holen oder am Feuer Platz nimmt, Stockbrot backt, Fotos macht oder sich der Gesellschaft anderer erfreut. Nach einigen Stunden leert sich der Platz. Listen liegen aus – ein paar neue Ideen und Aktionen waren spontan entstanden und finden bereits erste Mitstreiter*innen.

5 »Wir pflügen, und wir streuen …«

Der Sommer hielt, was er versprach. Kartoffelkäfer blieben aus. Ein Einsatz zur pestizidfreien Krautbekämpfung (»Rupfen«) brachte den gewünschten Erfolg. Ein Kochteam hatte Rezepte erprobt und ein Kochbuch gestaltet. Die Konfirmand*innen trafen sich zu einer Unterrichtsstunde rund um die Bitten des Vaterunsers am Ackerrand. Bei Inspektionsradtouren wurden Fotos gemacht und im Protokoll festgehalten, wie es mit dem Wachsen und Gedeihen der Kartoffeln voranging. Endlich stand der Erntetermin an. Da nicht absehbar war, wann die Kartoffeln erntereif und das Wetter geeignet sein würde, hatte der Kartoffelrat parallel für drei mögliche Ernte-Samstage geplant und alle Vorbereitungen getroffen. Gleich der erste konnte es dann werden:

Während gemeinsam »Wir pflügen, und wir streuen den Samen auf das Land …« gesungen wird, rollen weitere Fahrräder auf die Wiese am Rand des Ackers. Auf Hacken, Forken und Harken gestützt stehen die A(c)ktionär*innen erwartungsvoll und schon ein bisschen stolz beieinander. Das Wetter spielt mit und alle singen sich auch ein bisschen Mut zu. Denn nach der Pflanzaktion wissen die Beteiligten, wie groß die Fläche ist, die es zu bearbeiten gilt. Diesmal ist auf eine gesetzte Kartoffel mit zwanzig zu erntenden zu rechnen. Statt der kleinen Anhänger, aus denen im Frühjahr die Pflanzkartoffeln verteilt wurden, stehen nun mehrere große Anhänger für den Traktor bereit. Der altertümliche Kartoffelroder ist behilflich und hat schon auf einem Teil des Ackers begonnen, die Kartoffeln nach oben zu holen. Mit Eimern, Körben, Kinder-Schubkarren und großen Schürzentüchern ausgestattet, schwärmen alle aus.

Nach dem ersten Ansturm und der Euphorie beim Entleeren der Gefäße auf den noch leeren Anhänger folgt eine lange Zeit der Betriebsamkeit. Viele Stunden lang wird auf der Fläche gearbeitet, werden Picknickdecken zum Lagern und Pause-Machen ausgerollt, vertreiben sich Kinder zum Ausgleich die Zeit mit Spielen und dem Stochern im schon obligatorischen Kartoffelfeuer, in dem diesmal auch ein Teil des trockenen Krauts verfeuert wird. Bald sind zwei von drei Anhängern gut gefüllt. Das Ausmaß des Ertrags zeichnet sich ab, und ein Blick in die Runde zeigt zufriedene Gesichter. Der Grillstand der Evangelischen Jugend wird gern genutzt – ein wenig Feststimmung kommt bereits auf. Doch noch ist jede Menge zu tun, und so wird es auch eine gemeinsame Kraftanstrengung und Fleißarbeit, bis alle Kartoffeln auf den Hängern liegen.

Die Kinder liefern eine besondere Ernte am Tisch des Kartoffelrats ab. Der nämlich hatte dazu aufgerufen, die größte, die winzigste und eine möglichst originell geformte Kartoffel zu finden und abzugeben. Die Prämierung des Wettbewerbs bildet den Schlusspunkt der gemeinsamen Ernteaktion. Der Traktor zieht die gefüllten Anhänger in die Scheune, damit die Kartoffeln trocknen können. Mit den Gedanken sind alle schon beim Fest in wenigen Wochen, wo das Ernteergebnis geteilt wird und alle ihre Ernteanteile mit nach Hause nehmen dürfen.

6 »… drum dankt ihm, dankt …!«

Vielfältige Gefühle von Dankbarkeit kamen zusammen – der Dank für 23 Kilo Kartoffeln je A(c)ktie war dabei tatsächlich beinahe Nebensache.

Hätte man nicht längst den Erntedanktag für ein großes Abschlussfest des gemeinsamen Projekts ins Auge gefasst, jetzt würden alle Ausschau halten, wann man sich möglichst bald wieder treffen könnte. Denn es blieb ja noch eine Menge zu tun. Die vielen kleinen Nebenfäden galt es zusammenzuführen und zu einer Schleife zu binden. Man wollte noch einmal ausgeruht und mit Genuss die anderen treffen, Zeit verbringen. Und natürlich mussten die Kartoffeln »abgesackt« und verteilt werden. Logisch, dass am Erntedanktag auch einige Säcke der eigenen Kartoffeln zum Ernteschmuck der Kirche gehörten. Und logisch auch, dass eine große Zahl der Siedler*innen mit dabei war. Deutlich melodischer klang das Erntelied dann mit Hilfe der Orgel …und es tat gut, nach jeder der Strophen mit Matthias Claudius zu bekräftigen: »Alle gute Gabe kommt her von Gott dem Herrn, drum dankt ihm, dankt, drum dankt ihm, dankt und hofft auf ihn!« (EG 508)

Vielfältig war der Ertrag von Projekt und Fest. Manche Initiative, manche Begegnung strahlte in die Monate und Jahre danach aus – in der Gemeinde, aber auch in viele andere Bezüge. Mehrmals, jeweils mit Abstand einiger Jahre, wurde auf ähnliche Weise gemeinsam angebaut, gearbeitet, geerntet, gefeiert und gedankt.

7 Wie es außerdem gelingen kann …

Und wenn man keinen Acker in der Nähe findet und für kleines Geld pachten kann?
Letztlich ging es bei diesem Projekt nicht um Selbstversorgung oder ökologischen Landbau. Andere Ideen und Vorhaben mögen sich ergeben, wenn die Eckpunkte dieses Geschehens zu anderen Zeiten, an anderen Orten neu bedacht werden: Wie können möglichst viele unterschiedliche Menschen auf die von ihnen gewünschte Weise an einem Geschehen teilhaben? Was könnte genügend Bindekraft und Aufforderungscharakter entwickeln? Was ist es, das wir feiern wollen?

Und wenn der Acker im Winter brachliegt?
Dann vergräbt man am besten irgendwo auf der öden Fläche einen Schatz! Und mit zwei schnell zu montierenden Seilen und einer Markierung an ihrem Kreuzungspunkt stellt man sicher, dass der Schatz

auch wiederzufinden ist. Ein wenig Zeit geht ins Land. Schon ist nicht mehr zu sehen, an welcher Stelle gegraben wurde. Es wird Februar und damit Zeit für einen Gottesdienst mit den Konfirmand*innen und ihren Familien – gerne auch mit der ganzen Gemeinde.

Im Gottesdienst zum Gleichnis vom Schatz im Acker saßen alle schon gut vorbereitet: Arbeitsklamotten, Regenhose und Gummistiefel für die Kleinen – und in der letzten Bankreihe der Kirche lehnten vielfältige Gartenwerkzeuge.

Nach dem Gottesdienst brachen alle auf zum Acker. Am Straßenrand wurden Grill und Getränkeausgabe eröffnet. Eine Feuertonne diente zum zwischenzeitlichen Aufwärmen klammer Finger. Wie anders ist doch der Blick, der auf eine öde Ackerfläche fällt, wenn einem jemand versichert, dass diese einen Schatz birgt?! Nach einer wilden Stunde sah der Acker nicht nur öde sondern auch zerklüftet aus. So unterschiedlich wie die Menschen, so verschieden waren auch ihre Strategien: Systematisch prüfte eine Familie mit dünnen Stäben von 2 Meter Länge abschnittsweise den Boden. Andere warfen einen Handschuh und gruben dort, wo er landete, ein tiefes Loch. Es gab die einen, die eher pflügen, und die anderen, die punktuell Bohrungen vornehmen oder große Löcher aufreißen. Bevor der Mut sank, wurde die Fläche halbiert – ein erster Hinweis auf den mutmaßlichen Fundort. Aktivität flammte wieder auf. Es bestand Hoffnung, dass hier der Spaß und schlussendlich auch das Finden im Mittelpunkt stehen und niemand im Regen stehen gelassen wird, der jedoch zwischendurch immer mal wieder einsetzte.

Noch zwei weitere Halbierungen brauchte es, dann stieß eine Mutter mit ihren beiden fünf und acht Jahre alten Söhnen mit dem Spaten auf Metall und konnte mithilfe anderer die Schatzkiste aus dem schlammigen Boden ziehen! Die Enttäuschung der anderen verlor sich unter der Mitfreude für die Finderin und der Spannung, was denn nun enthalten sein würde. Dieses Geheimnis soll allerdings auch durch diesen Artikel nicht gelüftet werden. Soviel zum Trost: Am Ende gingen alle mit einem kleinen Teil aus der Kiste nach Hause, der an die denkwürdige Aktion und das Gleichnis erinnern half. Und die glückliche Familie konnte sich auf ein ganz persönliches Ereignis freuen, das die Menschen aus der Gemeinde für die warme Jahreszeit für sie vorbereitet hatten.

2 #trackthespirit – Pfingsten hybrid bespielen

Dorothée Böcker und Andrea Kuhla

1 Ein assoziativer Anfang

Was genau bedeutet Pfingsten? Wer oder was ist die Heilige GEISTkraft? Und wo weht sie herum? Welche Spuren hinterlässt sie – in der Welt, in anderen und in mir? Und wenn sie wirklich ROT ist – kann man sie vielleicht sogar sehen oder anfassen? Sind die Sensoren einmal auf GEIST und ROT gestellt, ergibt sich aus all diesen Fragen schnell ein spielerischer Umgang mit theologischen Inhalten rund um Pfingsten: Plötzlich ist die Welt voller GEIST. Ich sehe ihn in der roten Ampel vor meiner Nase, im Graffiti an der Wand gegenüber, in meiner roten Jogginghose, in der Leuchtreklame der Apotheke ums Eck, im Stoppschild und sogar im Sonderangebot. Wir haben uns die Frage gestellt, was die Botschaft all dieser Dinge wäre, wären sie aus Heiliger GEISTkraft gemacht. Herausgekommen ist die Idee eines hybriden Pfingst-Spiels mit Konfirmand*innen, das wir auf den Grundlagen von PlayingArts entwickelt und erprobt haben. Wir wollen zeigen, wie eine Pfingstfeier jenseits der Worte aussehen könnte und Mut machen, sich den Themen rund um Pfingsten assoziativ und jenseits von theologischen Richtigkeiten zu nähern – in der Kirche und vor der Tür, mit Smartphone und Hashtag ebenso wie von Angesicht zu Angesicht.

2 PlayingArts kurz erklärt

PlayingArts ist ästhetische Praxis im Spiel: Sie ist inspiriert von den bildenden Künsten und geht in Resonanz mit dem Raum, dem Selbst, Mitmenschen und Gott. Dies geschieht im Prozess durch die spielerische und explorative Auseinandersetzung mit einem Thema und/

oder einem Material. PlayingArts schafft offene Räume der Partizipation und Interaktion, in denen Menschen ihren eigenen Spuren folgen können: Ermöglichungsräume, in denen sich Menschen ihre Welt – alles was sie sind, ihre Selbstgewissheit, ihren Glauben, ihre Umwelt – im selbstvergessenen, zweckfreien Spiel über Möglichkeiten und Zufälle aneignen und so zu einem eigenen Sinn finden können. Ernst Lange schreibt dazu:

> »Menschen [...] brauchen das Spiel zum Leben. Spielend und nur spielend kommen wir den unerschöpflichen Möglichkeiten unseres Daseins auf die Spur. Spielend entdecken wir Alternativen zum gewohnten Verhalten, überschreiten wir die Grenzen unserer Alltagsrollen und probieren andere aus, testen wir Problemlösungen, die vom Üblichen abweichen. Das Spiel ist das Übungsfeld unserer Freiheit.« (Ernst Lange: Predigen als Beruf. Aufsätze zu Homiletik, Liturgie und Pfarramt. Referat auf dem Düsseldorfer Kirchentag 1973)

3 Komm, wir geh'n auf GEIST(er)jagd!

Jugendliche werden eingeladen, sich Themenfelder rund um den Heiligen GEIST spielerisch zu erschließen. Die Farbe ROT dient hierbei als Material und der Fokussierung. Wir setzen den Rahmen und bieten Impulse – so schaffen wir gewissermaßen Spielregeln und bieten Orientierung. Gespielt wird sowohl in der Gesamtgruppe als auch in kleinen Teams. Gemeinsam starten wir mit einer Bibel-Performance und einem GEIST-Abdruck. Mit ihren Smartphones in der Tasche geht es dann für die Jugendlichen vor die Tür – »ROT sehen, SPIRIT tracken« heißt die Devise: Während einer Erkundungstour, bei der sie sich von einer ROTen Sache zur nächsten begeben, wird alles, was ROT ist, fotografiert und versehen mit dem Hashtag #trackthespirit samt einem eigenen, assoziativen Pfingstgedanken bei Insta gepostet. Nach der GEIST(er)jagd treffen wir uns wieder und setzen uns selbst in Bezug zu ROTen Dingen. Zuletzt ist Zeit zum Räsonieren, Austauschen, Reflektieren und Theologisieren bei ROTen Snacks und Getränken.

4 Wo wird gespielt? Und was sollte ich vorab bedenken?

Das vorliegende Konzept lässt sich gut draußen umsetzen – wir haben es darüber hinaus auch im Kirchraum erprobt und halten diese Abwandlung für ebenso wertvoll (alles, was es dazu braucht, ist ein wenig mehr Material – dazu später mehr). Das Format eignet sich sowohl für kleine als auch für größere Gruppen. Es kann als Auftakt oder Vertiefung genutzt werden, wenn es thematisch um die Auseinandersetzung mit Pfingsten geht – die Offenheit und Prozessorientierung ermöglichen beides. Ab einer Gruppengröße von 12 Teilnehmenden ist es hilfreich, den Rahmen zu zweit zu gestalten. Diese Form des Pfingst-Spieles lädt Durchführende wie auch Teilnehmende zu einer Haltung jenseits von Richtig und Falsch ein: Die Ergebnisse werden individuell und kontextuell sein und sind voller Überraschungen. Anders gesagt: Sie sind jenseits von Lernzielen und Kompetenzerwerb – was hier stattfindet ist heiliges Spiel. Vor allem wird es Spaß machen, individuelle Zugänge und Resonanzen ermöglichen. Nötig ist nach dem Spiel unbedingt Zeit für Reflexion und Austausch über den erfahrenen Sinn des Erlebten. Zur Vorbereitung kann die Recherche im Gedächtnis, in der Konkordanz und in der Bibel hilfreich sein: Wo begegnet mir GEIST? Wo die Farbe ROT? Die Bibel ist voll von ROTen Gefühlen und Früchten, voll vom Flüstern, Wehen und Lodern der Heiligen GEISTkraft. Hier ist nicht Vollständigkeit gefragt, sondern Überblick und Vielfalt.

5 Material

ROTe Dinge aus dem alltäglichen Gebrauch (was Sie und die Teilnehmer*innen in den eigenen vier Wänden finden); ROTe Kreidefarbe: Sie lässt sich am einfachsten und kostengünstigsten aus handelsüblicher Stärke, ROTer Lebensmittelfarbe und Wasser selbst herstellen; Krug oder PET-Flasche; Bibel; ROTe Lebensmittel zum gemeinsamen Verzehr (Erdbeeren, selbstgemachte Tomatenbutter, Melone, Beeren-Smoothies …); saugfähiges Papier in Postkartengröße; Siloplane/Abdeckfolie, wenn die Aktion im Kirchraum geplant wird.

6 So geht's

Einladung (vorab): Die Konfirmand*innen werden mit einer schönen Karte (digital oder analog) eingeladen. Vielleicht ist die Karte selbst ROT, vielleicht finden sich darauf schon ein paar ROTe Worte als (Vor-)Ahnungen. Alle Teilnehmer*innen werden gebeten, zu einem besonderen Pfingst-Spiel jeweils 2–5 ROTe Gegenstände aus ihrem Alltag/Haushalt mitzubringen (Hinweis: Die mitgebrachten ROTen Gegenstände können nach ihrem Einsatz im Spiel wieder unbeschadet mit nach Hause genommen werden.)

Willkommen (2 Minuten): Alle Konfirmand*innen werden willkommen geheißen und informiert, worum es in den nächsten 90 Minuten gehen wird und dass diese Zeit keiner Bewertung unterliegt. Es geht um ein wertfreies Miteinander. Alle mitgebrachten ROTen Alltagsgegenstände werden an einem Ort gesammelt.

GEIST ausgießen – Performance mit ROTer Farbe und Apostelgeschichte 2,17–20 (5 Minuten): Während eine Person den Bibeltext (Apostelgeschichte 2,17–20) liest, gießt die andere ROTe Kreidefarbe aus. Das sollte performativ geschehen und ebenso lange dauern, wie die Lesung (gern auch länger). Beim Treffen im Freien: Gießen der Farbe auf gepflasterten oder geteerten Untergrund, z. B. eine Treppe hinunter (keine Angst, der nächste Regen wäscht alles rein). Mit der Farbe darf jetzt schon gespielt werden: Wie weit tragen meine Füße den GEIST, nachdem sie einmal mit ihm in Berührung waren? Wo würde Gottes GEISTkraft überall Spuren hinterlassen? Beim Spielen in der Kirche eignet es sich gut, den Altar mit reichlich Siloplane/Abdeckfolie zu schützen und die Plane schräg zu Boden kommen zu lassen, so dass eine Bahn entsteht. Auf ihr kann eine möglichst lange Papierbahn befestigt werden, auf welcher die Kreidefarbe von oben nach unten ausgegossen wird. Auf Dinge in der Kirche achten, die nicht berührt oder beschädigt werden sollen – ROTe Farbe spritzt weit, wenn man reinspringt.

Die Fährte aufnehmen (13 Minuten): Die Teilnehmer*innen nehmen die Fährte auf, indem sich alle mithilfe des saugfähigen Stück

Papiers einen Abdruck aus dem ROTen ausgegossenen Strom nehmen und zum Trocknen daneben legen (alternativ können die Abdrücke auch an eine zuvor angebrachte Wäscheleine gehängt werden). Gemeinsame Assoziation zur Farbe ROT und zu GEIST: Was verbinden die Einzelnen hiermit? Was löst es in ihnen aus? Was wissen sie, haben sie schon einmal gehört oder denken sie sich? Die kurze Assoziation (man kann dieser z. B. auch die Begrenzung »nur drei Worte« geben) sollen die Teilnehmer*innen langsam aussprechen, damit alles mitgeschrieben werden kann. Am Ende werden die Assoziationsgedichte noch einmal vorgelesen oder alternativ die Pfingstgeschichte, die während des Lesens intuitiv mit den Assoziationen durchwoben wird (wichtig: jede Assoziation soll noch einmal gehört werden).

ROT sehen, SPIRIT tracken (25 Minuten): Die Teilnehmer*innen gehen in Zweier- und Dreier-Gruppen mit je einem Smartphone pro Gruppe auf einen ROTen Spaziergang. Die Spielregel lautet, zur ersten ROTen Sache zu gehen, auf die ihr Blick fällt, und diese zu fotografieren. So geht es dann immer weiter, von ROT zu ROT zu ROT. Die Gruppe sollte jemanden bestimmen, der*die dabei auf die Zeit achtet. Nach 8–10 Minuten Spaziergang in eine Richtung sollte von ROT zu ROT der Rückweg angetreten werden. Zum Schluss sollen die Teilnehmer*innen ihr Lieblingsbild auswählen und gemeinsam einen kleinen Text dazu schreiben: Was an dieser Sache ist GEIST-voll? Im Anschluss können Text und Foto beispielsweise bei Instagram mit dem Hashtag #trackthespirit gepostet werden. (Tipp: Bei #trackthespirit in der Suchfunktion von Instagram® oder Facebook® gibt es einige Beispiele). Wenn alle wieder zusammen sind, sollen sich die Teilnehmer*innen, ihre Erfahrungen, Erlebnisse und Erkenntnisse für die Gesprächsrunde aufheben.

In Verbindung gehen (20 Minuten). Zuvor: ROTe Gegenstände einzeln in einem Raum/an einem Ort mit etwas Abstand verteilen, sodass kleine, klar erkennbare Materialinseln entstehen. Die Teilnehmer*innen werden über den Künstler Erwin Wurm und seine One-Minute-Sculptures informiert und 2–5 Beispiele werden gezeigt. Innerhalb der nächsten Zeit sollen die Teilnehmer*innen mit den

ROTen Gegenständen für jeweils etwa eine (gefühlte) Minute selbst zur Skulptur werden (dazu ruhige Hintergrundmusik) und auf diese Weise eine Verbindung mit dem Heiligen GEIST performen. Jede*r darf mehrere Gegenstände ausprobieren. Jede*r hat in dieser sich wandelnden Skulpturenausstellung auch die Freiheit, zwischendurch einfach nur Museumsbesucher*in zu sein und das Entstehende zu betrachten. Möchten ein oder zwei Teilnehmer*innen überhaupt keine Skulptur selbst performen, so werden sie als Skulpturenfotograf*innen ins Geschehen mit eingebunden. Fotos von den entstehenden One-Minute-Sculptures zu machen, empfiehlt sich ohnehin, da meist viel gleichzeitig geschieht. In einer Fotoshow der ROTen Skulpturen kann das Entstandene auch im Nachhinein noch von der ganzen Gruppe gewürdigt werden. Außerdem kann es Anknüpfungspunkt für weitere Spiele und zum Nachdenken sein. Das Spiel der One-Minute-Sculptures funktioniert intuitiv. Je nach Konstellation und Zusammenhalt der Gruppe kann es hilfreich sein, Teamer*innen zu bitten, zu Anfang des Spiels das Eis zu brechen und zu ersten Skulpturen zu werden. Eine Beschreibung und Anleitung zu de One-Minute-Sculptures findet sich hier: http://www.yeast-art-of-sharing.de/2016/05/make-your-own-erwin-wurm/

Ausklang, Reflexion und Gespräch (30 Minuten): Als Übergang zwischen Spiel und Gespräch empfiehlt sich eine kurze Resonanzrunde: Was klingt noch nach in dir? Die Teilnehmer*innen sollen dies der Gruppe mit nur einem Wort mitteilen. Das Gesagte wird nicht kommentiert oder bewertet – es darf einfach sein. Analog zum Assoziationsgedicht zu Beginn besteht die Möglichkeit, die gesagten Resonanzworte der Einzelnen zu notieren und zum Abschluss der Runde noch einmal als gemeinsames Resonanzgedicht zu verlesen. Wir sind immer wieder fasziniert und berührt von der Wirkkraft dieser schlichten Form, die Erfahrungen aus der Gruppe zu bündeln. Dann kommen alle Teilnehmer*innen an einen Tisch, der bereits mit ROTen Speisen und Getränken gedeckt ist – vielleicht hat jede*r etwas mitgebracht (diese Bitte ggf. in die Einladung an die Teilnehmer*innen mit aufnehmen)? Alle tauschen sich über das Spielen aus, über die Farbe ROT und was sie wohl mit der Heiligen GEISTkraft zu tun hat. Sie theologisieren miteinander – stellen Fragen und finden Antworten. Schnell merken alle, dass in der Gruppe und bei den Einzelnen Theologie entsteht, die an biblisches Wissen und an das Kirchenjahr andockt. Wenn die Zeit abgelaufen ist, wird die Gruppe mit einem Segen entlassen. Zum Abschied eignet sich als Geschenk ein Fläschchen mit ROTer Farbe, ein Streichholz mit ROTem Kopf, etwas ROTes Garn oder eine Chilischote.

Zum Abschluss sei gesagt, dass sich alles einzeln oder als Steinbruch verwenden lässt. Und wer weiß, vielleicht entwickeln sich noch eigene Spielideen zum Thema? Uns jedenfalls ist die Auswahl gar nicht so leichtgefallen – einmal auf ROT eingestellt kommt uns ein Einfall nach dem anderen.

Wir wollen zunächst nur für uns selbst sprechen, wenn wir sagen: Auch wir haben großen Spaß an diesen Spielen rund um ROT und GEIST. Inzwischen haben sich noch andere Erwachsene zu Wort gemeldet und sind beGEISTert – darum empfehlen wir das Format auch gern für die Arbeit mit (jungen) Erwachsenen weiter!

3 Regionale Konfi-Nacht – mein Gottesdienst

Friedrich Böhme

1 Zur Idee

Ich hatte den großen Wunsch, einen Gottesdienst zu feiern, in dem das Leben, die Träume, Talente, Fragen und Antworten von Jugendlichen präsent sind. Einen Gottesdienst, der Jugendliche ernst nimmt und ihnen Verantwortung gibt. Gleichzeitig wollte ich die Konfirmand*innenarbeit in der Region mit einem neuen Angebot bereichern. Durch eine Projektarbeit innerhalb des Studiums der Religions- und Gemeindepädagogik bekam ich 2014 die Gelegenheit, mir dafür Zeit zu nehmen. Und jetzt bekommst du die Möglichkeit, es für deine Arbeit zu nutzen.

Kennst du das? Neue Formate sind nicht für alle Kolleg*innen erfreulich. Neues stellt automatisch das Alte infrage und macht zusätzlich Arbeit. Gerade in puncto zusätzlicher Arbeitszeit schalten viele Kolleg*innen ab. Daher ist das Projekt »regionale Konfi-Nacht« von Anfang an so konzipiert, dass die teilnehmenden KU-Leitungen so wenig Vorbereitungszeit wie möglich benötigen. Mein Konzept soll dir einen Großteil der Vorplanungen ersparen und dich auf mögliche Probleme aufmerksam machen. Natürlich ist jede Region anders aufgestellt und arbeitet unterschiedlich stark zusammen. Als 2015 die erste regionale Konfi-Nacht »#Leidenschaft« stattfand, war dies die erste übergemeindliche Zusammenarbeit innerhalb meiner Region. Heute ist sie fester Bestandteil der Konfirmandenarbeit im Kirchenkreis Lichtenberg-Oberspree.

Es macht Spaß, Konfirmand*innenarbeit regional zu denken und Großveranstaltungen zu planen, die viele Bereiche der Gemeindearbeit integrieren. Herausfordernd ist die Diversität der methodischen und didaktischen Kompetenzen der Kolleg*innen. In der Konfi-Nacht steht der*die Konfirmand*in im Fokus. Und gleichzeitig stehen auch die KU-Leitungen im Fokus, da sie neue Methoden und Vermittlungsideen kennenlernen sollen. Die konstante Teilnehmendenzahl von 160 zeigt dabei deutlich, dass Konfis einen Bedarf haben. Zudem tut es Jugendlichen gut, andere Jugendliche kennenzulernen oder zu merken, dass sie sich bereits aus der Schule oder durch ihr Hobby kennen.

Ein Hashtag und ein Schlagwort – mehr braucht es für den Titel nicht. Das Logo zeigt die Jesusstatue aus Rio de Janeiro. Taucht der segnende Jesus in Verbindung mit dem Hashtag auf, wissen alle, dass es um die regionale Konfi-Nacht geht. Anfangs fand die Konfi-Nacht innerhalb der Passionszeit statt. Damals hatte sie keinen Bibeltext zur Grundlage. Seit 2018 geht es um die Jahreslosung.

Jahr	Titel	Inhalt
2015	#Leidenschaft	Wortspiel mit dem Wort »Passion« (englisch und deutsch)
2016	#Offline.	Kann Gott offline sein? Theodizee.
2017	#Jesus, der …	Die Vielfältigkeit von Jesus kennenlernen
2018	#All you need is …	»Gott spricht: Ich will dem Durstigen geben von der Quelle des lebendigen Wassers umsonst.« Offenbarung 21,6
2019	#gesegnet	»Suche Frieden und jage ihm nach!« Psalm 34,15
2020	#wer's glaubt	»Ich glaube; hilf meinem Unglauben!« Markus 9,24

Die regionale Konfi-Nacht steckt sich folgende Ziele:
- In der Region gemeinsam ein Angebot für Jugendliche durchführen.
- Organisatorische Entlastung der Pfarrkräfte in den Gemeinden.
- Die Mitarbeitenden erproben neue Methoden.
- Jugendliche aus den Jungen Gemeinden unterstützen die Arbeit mit den Konfis.
- Die Konfis beschäftigen sich kreativ mit der Jahreslosung.
- Die Konfis bringen ihre eigene Lebenssituation mit biblischen Themen in Verbindung.
- Die Konfis entwickeln den Gottesdienst aus ihren Fähigkeiten heraus.

- Die Konfis verwirklichen sich im Gottesdienst mit ihren Glaubensthemen/-fragen.
- Die Konfis lernen andere Konfis kennen.
- Die Gottesdienstgemeinde wird erweitert/regional, der Altersschnitt gesenkt.
- Der Diskurs über die eigene Gottesdienstkultur wird angeregt.
- Die Kirche (Veranstaltungsort) wird mit der regionalen Konfi-Nacht in Verbindung gebracht.
- Kostenlose Teilnahme für alle im Team.
- Die Konfis zahlen maximal 15 €.

2 Notwendige Vorbereitungen

1 Jahr vorher erfolgt die gemeinsame Terminabsprache. Auch der Ort, sprich die Kirche, wird jetzt gebucht. Je mehr Mitarbeitende an der Entscheidung beteiligt werden, desto höher ist die verbindliche Mitarbeit in der Vorbereitung und Durchführung. Auch die jeweiligen zusätzlichen Raumanmietungen (benachbarte Schulen, Jugendclubs, Gemeindehäuser) werden jetzt gebucht. Ggf. müssen auch amtliche Anträge gestellt werden (z. B. beim Grünflächenamt, wenn die Wiese vor der Kirche nicht mehr der Kirchengemeinde gehört). Zudem liegen viele Fristen für Fördermittel ein Jahr vor der Veranstaltung. Titel und Inhalt werden langsam geplant und an den*die Layouter*in geschickt. Sie erstellt die notwendigen Dateien: Anmeldeflyer für Teamer*innenfahrt und Konfi-Nacht, T-Shirt-Aufdruck und das Logo u. a. für das Programmheft im Gottesdienst. Die Zuständigkeiten für die Workshops werden getroffen.

6 Monate vorher: Die Zusagen für das Team stehen fest. Evtl. gab es bereits kleine Vorbereitungstreffen mit einzelnen Jungen Gemeinden. Die Anmeldeflyer für die Konfis werden in die Gemeinden gegeben.

3 Monate vorher liegt der Anmeldeschluss für Konfis und Teilnehmende im Team. Die Anmeldungen und Teilnehmendenbeiträge werden in den Gemeinden abgeholt. Die T-Shirts werden bestellt. Und die Kalkulationen für Verpflegung und Workshopmaterial angepasst.

1 Monat vorher findet die Vorbereitungsfahrt für die jugendlichen Teamer*innen statt. Über ein Wochenende werden die Eröffnungsshow, die Workshops und die Nachtandacht gemeinsam vorbereitet. Zudem werden die Zuständigkeiten innerhalb der Konfi-Nacht geklärt und es findet ein Block zum EKBO-Verhaltenskodex statt (siehe www.akd-ekbo.de/praevention/verhaltenskodex/).

1 Tag vorher wird die benötigte Infrastruktur in der Kirche eingerichtet. Das Material, die Technik, alle Stromkabel werden verlegt, alle Lebensmittel und Getränke eingeräumt – alles, was man für die Konfi-Nacht benötigt. Auch das Podest für die Konfis wird aufgebaut. Am Folgetag trifft sich das Team um 12 Uhr in der Kirche.

3 Ort, Material und Personal

Die Konfi-Nacht benötigt eine große Kirche im Kirchenkreis. Sie muss Schlafplätze für 160 Jugendliche haben (zwischen Bänken, auf der Empore), WCs und eine Küche sowie genug flexiblen Raum zum gemeinsamen Essen, für eine Bühne und alle sonstigen Materialien. Das ist gar nicht so leicht. Und daher müssen jedes Jahr zusätzlich Räumlichkeiten in der Nachbarschaft angemietet werden (Grundschule, Turnhalle, Jugendclubs und andere Gemeinderäume).

Da die Dauer der Konfi-Zeit in den Gemeinden unterschiedlich sein kann, vermischen sich in der Konfi-Nacht die Gruppenphasen. Einige wissen, was sie erwartet, weil es bereits ihre zweite Konfi-Nacht ist. Für andere ist es die erste Konfi-Erfahrung an einem neuen Ort. Daher ist die Durchmischung der einzelnen Konfi-Gruppen von Anfang an wichtig. So können die verschiedenen Entwicklungsstadien die Workshops nur bereichern.

Die Workshops (Tanz, Tape Art, Chor, Band, Hip-Hop, Theater, PaperClip-Videos, Erlebnispädagogisches u. a. m.) dienen dazu, die Konfis auf vielfältige Weise anzusprechen und ihnen verschieden Zugänge zum Bibeltext zu ermöglichen. Hat man sich für einen Workshop entschieden, kann man innerhalb der Konfi-Nacht nicht mehr wechseln. Aus den Ergebnissen entsteht am Sonntag der Gottesdienst. Dafür bekommt jeder Workshop maximal fünf Minuten Präsentationszeit. Meistens geht es aber viel schneller.

Der Materialbedarf variiert stark. Die Tanz- und Hip-Hop-Workshops benötigen nur Musik, Stift und Papier. Die Band bringt alle Instrumente mit und auch der Chorworkshop benötigt nur Noten und ein E-Piano. Bei Workshops zur Theater- und Erlebnispädagogik richtet sich der Materialaufwand nach dem Vorhaben. Für die Erstellung von PaperClip-Videos sind ein Handyaufsatz für Stative, gut ausgeleuchtete und ruhige Aufnahmeorte empfehlenswert. Die Methode »Tape Art« ist mit Abstand die preisintensivste. Wichtig ist hierbei, Bannerfolie und gut lösbares Tape zu verwenden und eine breite Farbpalette anzubieten. Unter www.klebeland.de findest du bereits gute Startersets für deine Workshops. Für die Einteilung der Konfis in die Workshops hält jedes Workshopteam Eintrittskarten (maximale Anzahl für jeweiligen Workshop) bereit. Dadurch geht die Einteilung schneller und überfüllte Workshops können besser umsortiert werden. Als Eintrittskarte kann bereits das jeweilige Material dienen (z. B. Chor: Notenheft; Tape Art: Klebeband; Theater: Maske; PaperClip: Moderationspapier).

4 Personal und Zeitmanagement

Es braucht die Bezugs- und Beziehungspersonen der jeweiligen Konfi-Gruppen. So kann die Gefahr, dass Konfis hinten runterfallen oder komplett mit der neuen Situation überfordert sind, minimiert werden. Zudem können die Konfis ihre Erfahrungen im Nachhinein besser mit ihren Konfi-Leitungen teilen.

Zudem ist es sinnvoll, in den Gemeinden nach Ehrenamtlichen zu fragen, die sich mit der Technik am Veranstaltungsort auskennen und gern den Küster*innendienst übernehmen. Neben den Konfi-Leitungen nehmen vor allem viele Jugendliche aus den Jungen Gemeinden als Teamer*innen teil. Um für alle eine sinnvolle Mitarbeit zu gewährleisten, wird das Team in drei Bereiche geteilt.

*Food-Teamer*innen*
Sie organisieren die komplette Verpflegung, Zubereitung von Essen, Nachfüllen von Obst und Getränken in der Konfi-OASE, Abfüllen der Naschschalen fürs Kino, Abwasch von Büfett-Geschirr und Reinigung der Küche. Meist frisch Konfirmierte oder noch nicht leitungskompetente Teamer*innen. Anzahl: ca. 10 Personen.

Medien-Teamer*innen
Anmelde- und T-Shirt-Station, Foto-Dokumentation der Konfi-Nacht, Betreuung der Ton- und Lichttechnik, Umbauarbeiten während der Veranstaltung, Nachbereitung für die Öffentlichkeitsarbeit. Meist fotobegeisterte Teamer*innen. Wichtig: Einweisung, was nicht fotografiert werden darf. Anzahl: ca. 5 Personen.

Workshop-Teamer*innen
Vorbereitung und Durchführung der Workshops, Nachtandacht und Kennenlern- show. Bezugspersonen für die Konfis. Meist mit abgeschlossener JuLeiCa-Ausbildung. Zudem sind alle Mitarbeitenden aus den Gemeinden automatisch in diesem Team. Anzahl: ca. 25 Personen.

Projektleitung
Bei einer Teilnehmendengröße von 160 ist eine Person für die Projektleitung sehr nützlich. Für die Food-Teamer*innen gibt es eine separate Küchenleitung (ein ehrenamtlicher Koch). Für die anderen beiden Teams bin ich als Pastor während der Veranstaltung der Ansprechpartner. Ich habe keine andere Aufgabe, als für den reibungslosen Ablauf zu sorgen und Probleme schnell zu lösen. Die Kommunikation erfolgt über Walkie-Talkies und zwei große Teamsitzungen.

5 Detaillierter Ablauf

Der folgende Zeitplan kann etwas zu hastig wirken. Er ist ein Überblick von dem, was zeitgleich in allen Teams und bei den Konfis passiert. So weiß jede*r wer, wann, wo anzutreffen ist. Der Zeitplan wurde in den letzten Jahren immer wieder neu an die Erfahrungswerte angepasst und bildet daher die Praxis ab. Gleichzeitig ist es normal, gelegentlich einen Verzug von 5–10 Minuten zu haben.

Für das Team beginnt die Konfi-Nacht bereits um 13.00 Uhr mit dem Aufbau und Vorbereitungen in den Workshopräumen. Um 14.50 Uhr findet die erste Teamsitzung statt. Hier sehen sich alle zum ersten Mal und bekommen die wichtigsten Infos für den Tag. Zudem steht ein kleiner Imbiss bereit.

Um 15.15 Uhr (können sich Konfis gut merken) dürfen die Konfis einchecken. Sie bekommen ihr T-Shirt, auf das sie ihren Namen schreiben, sowie eine kleine Einweisung und dürfen in der OASE entspannt ankommen. In der OASE gibt es durchgängig Getränke, Liegestühle, Kicker und gute Nachrichten – eine Art Rückzugsort für die Konfis. In der Eröffnungsshow lernen sich alle Anwesenden kennen. An sechs Stellen im Kirchraum stehen dafür Teamer*innen mit Impulswörtern (z. B. Sportart, 100.000 €, Date mit Star, verrückteste Aktion usw.) in der Hand. Alle Konfis rennen zu den Impulsen, die sie spontan ansprechen und haben dann Zeit, mit den anderen darüber zu plaudern. Nach ein paar Minuten ertönt ein Gong – alle sind ruhig. Teamer*innen begrüßen alle offiziell und betonen, dass sie unschlagbar sind und so gut wie alles besser können als die Konfis. Dies nehmen wir als Überleitung für ein Spiel in dem immer ein*e Teamer*in gegen eine*n Konfirmand*in antritt. Von Luft anhalten oder Kartenhäuser bauen bis hin zu Lieder erraten sind der Kreativität keine Grenzen gesetzt. Die Konfis schicken immer eine Person aus ihren sechs Plaudergruppen. Wenn der*die Gewinner*in feststeht, sollen die Konfis zu einem neuen Impulswort rennen und dort wieder ein paar Minuten plaudern. Dann folgt wieder eine Aufgabe (Teamer*in gegen Konfis) usw. Wichtig ist, dass sich die angereisten Konfi-Gruppen vermischen und das Eis gebrochen wird. Wir stoppen immer, sobald Gleichstand ist. Das ist gruppendynamisch der beste Start in eine regionale Konfi-Nacht.

Im Anschluss haben die Workshopteams jeweils 20 Sekunden für die Vorstellung ihrer Angebote. Nach dem letzten Workshop ertönt das Startsignal und alle Konfis rennen wild durcheinander, um ihre Eintrittskarte zu erhaschen. Es folgt meist eine kleine Umsortierung, damit alle Workshops produktiv arbeiten können. Dann startet der erste Workshopteil (120 Minuten). Hier lernen sich die Konfis in der Workshopgruppe kennen und starten mit ihrem jeweiligen Thema.

Parallel bereitet das Food-Team das Abendessen zu. Vor dem Essen gegen 19.30 Uhr wird ein Stimmungsbild erfragt, um eventuelle Probleme zu erkennen und zu bearbeiten. Nach dem gemeinsamen Abendessen wäscht jede*r selbst das Geschirr ab und es geht direkt in den zweiten Workshopteil (90 Minuten). Am Ende des zweiten Workshopteils müssen die Gruppen ihr Ergebnis für den Gottesdienst fertig haben. Die Konfis kommen dann wieder alle in die Kirche.

Jetzt gibt es 20 Minuten lang kein Programm – d. h. Pause im Raum der Stille oder in der Konfi-OASE. Manche bauen ihr Bettlager auf oder quatschen in der Kirchenbank. Gegen 22.00 Uhr beginnt das Kino in der Kirche. Es ist für die Konfis verpflichtend und gleichzeitig für das Team eine kleine Pause.

Während des Films kommt das ganze Team zur zweiten Teamsitzung zusammen (20 Minuten). In einer Runde darf jede*r etwas zur persönlichen Gefühlslage bzw. Stimmung sagen. Zudem werden der Gottesdienstablauf (kleine Ausblicke auf die Ergebnisse) und der Abbau für den Sonntag besprochen. Danach hat auch das Team Pause.

Direkt im Anschluss an den Film wird eine Nachtandacht gefeiert. Teamer*innen mit einem Predigtimpuls, drei Lieder, Vaterunser und die Möglichkeit, dass jede*r eine Kerze anzünden kann. Nach dem Segen geht's ins Bett. Mehr oder weniger.

Am Sonntag werden die Konfis um 7.30 Uhr von der Orgel geweckt. Um 8.00 Uhr wird gefrühstückt und aufgeräumt. Im dritten Workshopteil (40 Minuten) haben alle die Möglichkeit, einen Soundcheck zu machen und letzte Absprachen zu treffen. Vor dem Gottesdienst bekommen die Konfis das Programmheft und eine kleine Einweisung in das, was sie erwartet. Die Konfis sitzen hinter dem Altar auf einem Chorpodest und somit der Gemeinde direkt gegenüber. Kurz vor dem Gottesdienst gibt es für die Konfis ein Bewegungsspiel vor der Kirche. Um 10.30 Uhr beginnt der regionale Gottesdienst. Nach 60–70 Minuten ziehen die Konfis gemeinsam aus und füllen vor der Kirche einen Feedbackbogen aus. Dann ist für die Konfis Schluss. Das Team beginnt mit dem Abbau und kommt um 13.45 Uhr zu einer letzten Feedbackrunde zusammen.

6 Mögliche Probleme und Lösungen

Zu Beginn gab es Diskussionen über das Verständnis von Gottesdienst und besonders von der Predigt. Muss es immer die Wortverkündigung sein oder lässt sich Gottes Wort auch über theaterpädagogische Inszenierungen verkünden? Was darf raus und was muss bleiben? Und ist ein Gottesdienst ohne Pfarrbeteiligung ein richtiger Gottesdienst? Der Gottesdienst ist ein wichtiger Schwerpunkt des Projekts und für viele Menschen eine besondere Stunde. Daher ist es wichtig, dass man sich im Team zuvor über die persönlichen Ansichten austauscht. Für Mitarbeitende, die sonst allein durch den Gottesdienst leiten, ist es nicht einfach, die komplette Verantwortung an Jugendliche und Konfis abzugeben. Zumal der Inhalt innerhalb einer Nacht entsteht.

Einige Mitarbeitende haben die Notizen der Konfis über Nacht bearbeitet. »Damit die Gemeinde es besser versteht.« Und haben damit vier Stunden kreative Workshopzeit in den Müll geworfen. Auch das gehört zum Konzept: Ein Konfi sagt im Gottesdienst das, was ein Konfi sich in der Nacht überlegt hat.

Man kann sich auch zu gut auf die Workshops vorbereiten, sodass man bereits vorher weiß, was das Produkt ist. Und das ist verständlich, da viele in ihrem Arbeitsalltag im Konfirmand*innenunterricht Wissen vermitteln wollen. Das Ziel der Konfi-Nacht ist es aber, dass die Konfis das Produkt erzeugen. Mit ihren Ansichten, Vorstellungen, Fragen, Ideen, Identitäten, Gaben – mit allem, was sie mitbringen. Und die Workshopleitung begleitet den Prozess mit der Verantwortung für den Rahmen und für die methodische Flexibilität.

Bei regionalen oder kreiskirchlichen Gottesdiensten mit Jugendlichen kommen gern Superintendent*innen und sprechen Gruß- und Dankesworte. Das ist wichtig für beide Seiten und kann gut innerhalb der Abkündigungen geschehen. Unser Superintendent verteilt dann immer Dankes-Geschenke an das Team. Diese Geste ist viel größer als 1000 Worte und eine Wertschätzung für ehrenamtliches Engagement.

Für einige Konfis (die stillen und zurückgezogenen) kann so eine Großveranstaltung beängstigend wirken. Wichtig ist hierbei, dass sie nicht aus dem Blick geraten und ihnen nötige Pausen und Rückzugsmöglichkeiten geboten werden. Aus diesem Grund kam auch ein Ort der Stille in den Jahren mit hinzu. Ein Ort, an dem nicht gesprochen wird – Kissen, Kerzen und Ruhe – mehr braucht es nicht.

Im Gottesdienst ist es wichtig, dass alle Konfis ihre weißen T-Shirts und die Teamenden ihre farbigen T-Shirts tragen. Die Gemeinde kann dann mit einem Blick die Ausmaße der Teilnehmenden sehen und bei eventuellen Fragen gezielter Kontakt aufnehmen.

Eingespielte Teams und neue Mitarbeitende: Ich merke, dass ich jedes Jahr in die Falle tappe, neue Mitarbeitende nicht ausführlich in den Sinn der Konfi-Nacht einzuführen. Ich gebe meist den Zeitplan mit und erkläre den groben Ablauf und die Pflichten. Und dann spätestens im Gottesdienst merke ich, dass es zu wenig war, dass die Konfis nicht Konfis sind, sondern nur das Sprachrohr der Mitarbeitenden.

Kreative Köpfe blühen auf und Mitarbeitende, die gerne wissen, was am Ende rauskommt, kann dies lähmen und verärgern. Gleichzeitig ist es aber wichtig, dass die Bezugs- und Beziehungspersonen in den Workshops präsent sind. Das alles im Blick zu haben, ist Gemeindepädagogik pur und bereichert die Zusammenarbeit mit den Kolleg*innen in der Region ungemein.

7 Pädagogisches Potenzial

Die Workshops sollen alle Lerntypen und Begabungen von Konfis ansprechen: kognitiv, visuell, Bewegung, Kunst, Tanz, Gesang, Rap, Instrumente, Theater, schreiben, malen, hören, sehen etc. Denn, wer Lust auf etwas hat, kommt schneller voran.

Für den Kirchenkreis ist das Projekt ein wichtiges Highlight innerhalb der Konfi-Zeit. Dabei werden in den Feedbackbögen vor allem die Workshops, die Nachtandacht und die Kennenlernspiele genannt. Die Anmeldungszahlen steigen von Jahr zu Jahr. Zudem motiviert die Mitarbeit der Teamer*innen aus den Gemeinden Konfis, nach der Konfirmation auch Teamer*in zu werden.

Das Pfarrpersonal bekommt die Möglichkeit, ein sehr konfibezogenes Projekt innerhalb der Konfi-Zeit für ihre Gemeinden anzubieten, ohne den ganzen organisatorischen Aufwand damit zu haben. Es profitiert davon auch methodisch, da es viele neue Herangehensweisen für die Glaubensvermittlung kennenlernt.

Nach einer Konfi-Nacht kam eine Teamerin auf mich zu und sagte: »Im Gottesdienst hat eindeutig Tanz gefehlt. Kann ich nächstes Jahr einen Tanzworkshop anbieten?« Hier zeigt sich, dass sich die Einstellung in Bezug auf den Gottesdienst wandelt und dass dieses Projekt zu ehrenamtlichem Engagement animiert. Seit zwei Jahren ist der Tanzworkshop einer der beeindruckendsten Teile im Gottesdienst. Und viel wichtiger: Es wird von der Gottesdienstgemeinde zurückgemeldet, dass der Tanz zu Beginn den Geist öffnet und beim Ankommen hilft.

Umso kreativer und abwechslungsreicher die Ausgestaltung der Workshops geschieht, desto höher ist das pädagogische Potenzial der regionalen Konfi-Nacht. Hierbei sollten ggf. externe Fachleute (Erlebnis-, Theater-, Tanz- oder Musikpädagog*innen) eingekauft werden.

8 Übertragungsmöglichkeiten

Jede Gemeinde und jeder Ort sind anders. Daher musst du dieses Projekt abwandeln, wenn du es umsetzen willst. Ob es eine andere Anzahl von Mitarbeitenden, Teamer*innen oder Konfis ist – Du kannst nur mit den Mitteln arbeiten, die dir zur Verfügung stehen. Die regionale Konfi-Nacht funktioniert auch im Kleinen. Mit mehr und auch mit weniger Konfis. Bei mangelnder Kompetenz ist es ratsam, sich externes Fachpersonal für Workshops zu besorgen. Hierbei kann bereits das Personal deiner Landeskirche hilfreich sein. Dort findest du auch Fördermöglichkeiten, die für solche Ausgaben beantragt werden können. Es lohnt sich.

Für mich bilden 160 Jugendliche (Team und Konfis) die Obergrenze. Es muss nicht jeder Workshop immer den gleichen Gottesdienstteil vorbereiten, aber die Vielfalt innerhalb der Teile muss bei allen Variationen spürbar werden. Denn die Welt der Konfis ist bunt!

4 Konfirmation auf dem Weg

Laura Koch-Pauka und Harald Schmidt

1 Die Idee

Mitte März 2020. Corona, Pandemie und Lockdown, aus Worten, die bis dahin weit entfernt klangen, wird eine das ganze Gemeindeleben prägende Wirklichkeit. Uns wird klar: Wir müssen die für Ende April geplanten Konfirmationen absagen.

Mai 2020. Die Möglichkeit für Festgottesdienste wird es für lange Zeit nicht geben. Wenn, dann werden Feiern nur im kleinen Kreis denkbar sein.

In unserem Nachdenken entdecken wir Möglichkeiten: Die von Bischöfin Kirsten Fehrs entwickelte Idee zur Einsegnung von Prädikant*innen am Gartenzaun nehmen wir auf und übertragen sie auf die Konfirmationssituation. Den Rasen vor unserer Kirche entdecken wir als einen geeigneten Platz, um in der Öffentlichkeit Gottesdienste zu feiern. Um den Feiern einen öffentlichen Charakter zu geben, entsteht die Idee eines Konfi-Mobils, mit dem wir durch den Stadtteil zu den Konfirmationen fahren.

Das Resultat ist unser maßgeschneidertes Konfirmations-Angebot:
- Die Konfirmation im eigenen Garten.
- Die Konfirmation im Garten vor der Kirche.
- Das Angebot, zu warten, bis ein »klassischer« Festgottesdienst möglich ist.

2 Situation vor Ort

Zum Konfirmationsjahrgang 2020 gehören 40 Konfirmand*innen. Der wöchentliche Unterricht wird im Team (Pastorin, Pastor, Vikar) vorbereitet und unterrichtet. Je nach Möglichkeit gestalten Teamer*innen den Unterricht mit. Daher ist auch die Konfirmation von Anfang an ein »Teamthema«.

Die Zeit des Konfirmationsunterrichts ist mit dem Beginn der Einschränkungen im März 2020 beendet. Es fehlen noch der Vorstellungsgottesdienst, die Abschlussstunde und die Konfirmationen. Es geht also darum, in einem angemessenen Zeitfenster einen Abschluss zu gestalten.

3 Vorbereitung

Die Idee ist geboren, als Team sind wir davon überzeugt, dass wir gute Angebote machen können. Der nächste Schritt ist, die Konfirmand*innen und die Familien zu informieren und herauszufinden, auf welche Resonanz wir mit unseren drei Optionen stoßen. Wie reagieren die Konfis und Familien auf die Konfirmation im eigenen Garten, im Garten vor der Kirche oder das Angebot, zu warten, bis ein »klassischer« Festgottesdienst möglich ist, und darüber hinaus unser Versprechen, eine festliche Konfirmationserinnerung im großen Rahmen zu feiern, sobald das geht?

Insgesamt: Sehr positiv! Dieses schöne Ergebnis hat auch damit zu tun, dass zu den Voraussetzungen neben der Idee, in der Sondersituation vor allem die Bereitschaft zu viel sensibel geführter Kommunikation gehört.

Da abzusehen ist, dass ein solches Projekt, das sich über das gesamte Pfingstwochenende und dann noch über mehrere Nachholtermine erstrecken wird, viel Kraft und Vorbereitung kostet, ist es erforderlich, ein Team zu bilden, das die Aktion durch Motivation, Ideen und Freude auf das, was kommt, trägt.

4 Es wird konkret

Um unsere Konfirmationen so gestalten zu können, dass sie zu unserem Anspruch an das Fest und der Atmosphäre passen, mussten wir klotzen und nicht kleckern. Das heißt, wir haben in diesem Moment nicht auf das Geld, sondern auf die Ästhetik und den Nutzen aller Dinge geachtet, die wir für die Konfirmationen brauchen.

Dazu gehören für uns:

- Ein festlich geschmückter Mini-Kipper vom Friedhof (Konfi-Mobil). Er wird mit Buchsbaumgirlanden und Rosen geschmückt und an den Seiten befestigten wir Schriftzüge, auf denen »Die Lutherkirchengemeinde Pinneberg gratuliert ihren Konfirmand*innen« steht.
- Fahrräder für die Begleitpersonen (Pastor*innen, Musiker*innen, Fotograf*in und Helfer*innen).
- Ein großes Holzkreuz (Höhe ca. 1,80 m), das die Konfirmand*innen im Rahmen des Konfirmand*innenunterrichts selbst gebaut haben. Das Holzkreuz lassen wir von einer Floristin mit Blumen dekorieren. Wir brauchen für drei Konfirmationstage zwei Kreuze, da die Blumen nicht so lange frisch aussehen.
- Ein kleiner Tisch, der als Altar fungiert.
- Eine Laterne als windfeste Kerze (stand bei uns seit Mitte März als »Corona-Laterne« vor dem Altar auf dem Boden).
- Eine Bibel, die auch nass werden darf.
- Altartischdecke und Reiseparament.
- Liedblätter mit Glaubensbekenntnis.
- Jede*r Konfirmand*in bekommt eine Papiertüte mit Aufdruck (»Schön, dass du da bist«). Darin befindet sich Riesenkonfetti, eine Kette mit Kreuzanhänger und eine Postkarte mit einem handschriftlich verfassten Gruß eines Mitglieds des Kirchengemeinderats, der persönlich an den*die jeweilige Konfirmand*in adressiert ist.
- Jede*r Konfirmand*in bekommt einen kleinen Blumenstrauß von uns.
- Jede*r Konfirmand*in wird von uns mit einer Polaroid-Kamera fotografiert. Das Foto befestigen wir im Anschluss an jede Konfirmation an einer Leine, die am Konfi-Mobil befestigt ist und uns begleitet.
- Bluetoothbox und Mobiltelefon für das Abspielen der Glocken (eigene Glocken, die vorher aufgenommen wurden).
- Fotos von jedem*jeder Konfirmand*in, die diesen im Anschluss zugeschickt werden, als Erinnerung an den Tag.
- Verpflegung für alle Mitwirkenden.
- Rote Schuhe als Erkennungszeichen der handelnden Liturg*innen (wir wollen zum Ausdruck bringen, dass es ein besonderer Tag ist, daher Schuhe in liturgischer Farbe mit Signalwirkung).

Wir haben die Konfirmationen mit hohem Personalaufwand gefeiert. Das hat das Miteinander der Hauptamtlichen, aber auch der Ehrenamtlichen der Kirchengemeinde deutlich gestärkt.

Beteiligt sind:
- Unsere Gemeindesekretärin (sie hat die Korrespondenz mit den Konfirmand*inneneltern übernommen, Konfirmationssprüche eingeholt und teilweise Rückfragen beantwortet. Außerdem hat sie die Urkunden sortiert und uns in der Logistik bei der Durchführung der Konfirmationen unterstützt).
- Die Tochter unserer Gemeindesekretärin als Fotografin.
- Unser Friedhofsgärtner als Fahrer des Konfi-Mobils (er hat auch die Dekoration des Wagens übernommen).
- Unser Küster (er hat die Rasenfläche vor der Kirche gestaltet, hat eine Lutherrose aus Stoff und bunten Steinen dekoriert, auf der er das Taufbecken für die Konfirmand*innentaufen platziert hat. Er hat Stühle gestellt und Blumengirlanden angebracht, desinfiziert usw.).
- Zwei Pastor*innen und ein Vikar (wir haben uns die Konfirmationen zu dritt aufgeteilt. Es gibt einen A-, B- und C-Teil. Damit das Ganze nicht monoton wird, haben wir uns ein Rotationssystem überlegt, sodass jede*r von uns wechselnd mit einem der Teile dran ist).
- Mehrere Musiker (vor der Kirche hat unser Kantor musiziert – laute Orgelmusik durch geöffnete Fenster und Türen zum Eingang, Keyboard zur Begleitung des Gesangs – in den Gärten hatten wir an zwei Tagen zwei verschiedene Saxophonisten dabei).
- Mitglieder aus dem Kirchengemeinderat (es ist an jedem Tag je ein Mitglied dabei, das uns vor der Kirche unterstützt, vor allem beim Ausfüllen der Anwesenheitslisten, die wir aufgrund der Coronapandemie führen müssen, sowie beim Stellen und Desinfizieren der Stühle).

Nach den Konfirmationen bedanken wir uns mit einem Mittagessen bei den Helfer*innen. Das war uns wichtig, da die ganze Aktion von deren Engagement und Begeisterung geprägt ist.

Planung und Ablauf der Konfirmationen

Zeit	Was?	Wer?
Mit ein paar Wochen Vorlauf	Brief an die Eltern der Konfirmand*innen mit Abfrage bezüglich des Termins, Ortes und möglicher Bedenken seitens der Eltern	Pastor*innen und Gemeindesekretär*in
Im Anschluss	Telefonate mit Eltern und Konfirmand*innen, nachdem Rückmeldungen eingegangen sind	Pastor*innen
	Termine planen; darauf achten, dass private Gärten und Garten der Kirche als Orte nicht ständig wechseln, wegen des Zeitaufwandes, um von Ort zu Ort zu kommen. Die Route sollte möglichst organisch sein	
Eine Woche vorher	Urkunden erstellen, Tüten packen, Kurzgottesdienste schreiben, Eltern und Konfirmand*innen beruhigen, Team versammeln und letzte Absprachen treffen	Gemeindesekretär*in, Pastor*innen, Küster*in, Friedhofsgärtner, Fotografin
Einen Tag vorher	Wiese vor der Kirche schmücken, Blumendekoration abholen und teilweise anbringen (Girlanden etc.), Liedblätter und Listen drucken	
2 ½ Stunden vor Beginn der ersten Konfirmation	Treffen der Beteiligten, Aufbau vor der Kirche, checken, ob alles da ist, in Ruhe in den Tag starten und klären, wie es allen geht, allerletzte Absprachen	Alle
Im Vollzug im Stunden-, bzw. ¾-Stunden-Takt	Fortlaufende Konfirmationen. Bei den Gartenkonfirmationen haben wir immer eine Stunde eingeplant, um Zeit für die Wege zu haben, bei den Konfirmationen vor unserer Kirche haben wir 45 Minuten eingeplant.	

5 Butter bei die Fische – wie liefen die Konfirmationen ab?

Zu jeder Konfirmation gehört für uns das Glockenläuten unserer Lutherkirchenglocken dazu. Daher spielen wir eine Aufnahme unserer Glocken bei den Konfirmationen in den Gärten ab, sobald wir in die Straßen der Konfirmand*innen einbiegen.

Nachdem alles bereit ist, beginnen wir die Gottesdienste mit einer Begrüßung, die auf humorvolle, aber auch feierliche Art und Weise in die besondere Konfirmationssituation einführt. Zum Beispiel:

»Im Namen Gottes des Vaters und des Sohnes und des Heiligen Geistes. Heute ist ein schöner Tag, denn heute feiern wir DEINE Konfirmation! Eigentlich war sie mal anders geplant, mit großem Festgottesdienst, Einzug und allem Zipp und Zapp. Aber ›eigentlich‹ ist ja nicht zwingend besser. Wir freuen uns, dass wir heute mit dir und deinen Liebsten an diesem besonderen und schönen Ort dein ›Ja‹ zu Gott und Gottes ›Ja‹ zu dir feiern können! Dazu brauchen wir Gottes Kraft und seinen Segen und daher rufen wir nun gemeinsam den Heiligen Geist, damit er uns an diesem Tag mit seiner Kraft begleitet.«

Danach singen wir »Komm heil'ger Geist«.

In den Kurzpredigten gehen wir auf die gemeinsame Konfirmand*innenzeit ein, auf die Höhen und Tiefen und die Stärken des*der Konfirmand*in, als Teil der Gruppe. Dies verknüpfen wir mit einer Auslegung ihres Konfirmationsspruchs. Dabei ist uns wichtig, die Konfirmand*innen zu ermutigen und für ihren Lebensweg mit Gott zu stärken. Häufig lesen Verwandte oder Taufpat*innen die Konfirmationssprüche der Konfirmand*innen im Rahmen unserer Ansprache vor. Die Ansprache ist nie länger als 5 Minuten.

Im anschließenden Konfirmationsakt legen wir eine Betonung auf den Konfirmationssegen. Wir leiten ihn so ein, dass wir erklären, warum wir dieses Jahr den Konfirmand*innen unsere Hände nicht auflegen können und weshalb die Handauflegung unserer Meinung nach wichtig sei (Segen spüren). Damit setzen wir eine feierliche Atmosphäre, was die Handauflegung durch Eltern, Geschwister oder Pat*innen noch intensiver und schöner sein lässt.

Unser Konfirmationssegen wird von uns bei jeder Konfirmation frei formuliert und ist dadurch jedes Mal einzigartig und neu.

Nach dem Segen singen wir ein Segenslied und schließen daran die Fürbitten an, die wir auch frei formulieren.

Gerade dadurch, dass wir fast alle Teile der Konfirmation frei formulieren, gewinnen die Konfirmationen eine dichte und schöne Atmosphäre. Wir sind nah bei den Menschen, insbesondere bei den Konfirmand*innen. Außerdem bietet das die Chance, flexibel auf den Ort und die Situation zu reagieren.

Da wir zu dritt sind, können wir uns die Konfirmationen auf drei Teile aufteilen, was es erleichtert, die jeweiligen Parts frei und ohne Text in der Hand durchzuführen.

6 Pädagogisches Potenzial und Gesamtbewertung

Die Vorbereitung und die Umsetzung des Konfirmationsprojekts haben alle Beteiligten gelehrt, mit einer krisenhaften Situation und mit Grenzerfahrungen verschiedenster Art auf positive und produktive Weise umzugehen, Lähmungen zu überwinden, Entscheidungen zu treffen und im Vertrauen darauf aufzubrechen, dass ein unbekannter Weg ein richtig guter sein kann.

Am Ende kamen aus vielen Familien positive Rückmeldungen. Sie waren begeistert von dem Einsatz, den wir als Kirchengemeinde für unsere Konfirmand*innen gezeigt haben und von der intensiven und individuellen Form der Konfirmation.

Einige Eltern und Gäste äußerten den Wunsch, dass die jüngeren Geschwister auf ähnliche Weise konfirmiert werden sollten. Natürlich müssen solche Äußerungen im Kontext des Augenblicks mit Behutsamkeit gedeutet werden. Selbstverständlich wird schon mit dem nächsten Jahrgang eine neue Situation neue Fragen formulieren. Dennoch nehmen Mitwirkende und Mitfeiernde eine über alle aktuellen Entwicklungen hinaus gültige Lernerfahrung mit: Alles kann ganz anders sein als gewünscht und zunächst geplant. Dennoch kann es sehr gut sein.

Den Verantwortlichen im Haupt- und Ehrenamt unserer Gemeinde hat die Konfirmation 2020 Gelassenheit im Blick auf die Gestaltung des Gottesdienst- und Gemeindelebens in und nach der Pandemiezeit geschenkt. Es hat sich gezeigt, dass Gottesdienste unter anderen Rahmenbedingungen Strahlkraft erzeugen können. Und, dass es guttut, als Kirche unterwegs zu sein und sich in der Öffentlichkeit zu zeigen.

Eindrücklich waren auch die Strecken, die wir mit Konfi-Mobil und Fahrrädern zurückgelegt haben. Wir wurden gefilmt, beklatscht und gegrüßt. Ein großes Blumenkreuz und Pastor*innen die im Talar Fahrrad fahren, erzeugten offenbar Zustimmung und Freude. Auch dieser Aspekt der öffentlichen Wahrnehmung ist uns wichtig geworden.

Darüber hinaus hatte die Konfirmation 2020 eine starke gemeindepädagogische Komponente. Ein gemeinsames Projekt, der feste Wille, diese besonderen Konfirmationen schön zu gestalten und zu feiern, hat zunächst das Hauptamtlichenteam, dann Haupt- und Ehrenamtliche miteinander verbunden. Das Bild von dem einen Leib mit den vielen Gliedern konnte neue Kraft entfalten. Darüber hinaus hat das Gelingen des Projekts das Selbstbewusstsein der ganzen Gemeinde gestärkt.

5 Konfirmationen in Stationen – eine coronataugliche Alternative zum Festgottesdienst

Wolfgang Häfele

1 Unsere Ausgangslage

Corona hat 2020 so ziemlich jeden Plan über den Haufen geworfen. Nach Ostern war uns klar, dass wir in diesem Jahr die Konfirmationen nicht wie in den vergangenen Jahren mit Festgottesdiensten und anschließenden Gartenpartys feiern können. Mit einem Mal war es nicht absehbar, wann dies je wieder möglich sein würde. Hinzu kam ein weiteres Problem: Die Konfirmationstermine standen bereits fest. Wenn Corona nicht gewesen wäre, hätten unsere knapp 60 Konfirmand*innen ihre Konfirmation an zwei Juni-Wochenenden gefeiert. Als wir uns Ende April endgültig von der Idee der Festgottesdienste verabschieden mussten, durften in Berlin maximal 50 Personen miteinander Gottesdienst feiern – mit 1,5 Metern Abstand und ohne zu singen. Die größte Schwierigkeit bestand allerdings darin, dass sich diese Rahmenbedingungen immer wieder kurzfristig änderten.

2 Die Idee

Wir wollten die Konfirmationen anders feiern. Es sollte nicht ein kurzer Gottesdienst werden, an dem nur wenige Personen teilnehmen. Wir wollten ein Konzept, das sich an die unsicheren Rahmenbedingungen schnell anpassen lässt. Zu aufwendig sollte es auch nicht sein. So kamen wir auf die Idee, die Konfirmationen in Stationen zu feiern. Unser Gelände gibt es her, in Familien einen Parcours abzulaufen, ohne einander zu begegnen. Unter den gegebenen Umständen ist dies eine günstige Voraussetzung. Wir haben fünf Stationen eingeplant: (1) das Ankommen, (2) einen Rückblick auf die Konfi-Zeit, (3) der Blick nach vorn, (4) die Konfirmation und (5) ein offenes Ende. Die Konfirmand*innen sollten die fünf Stationen im 15-Minutentakt mit ihren Familien durchlaufen: Familie A beginnt um 10 Uhr, Familie B um 10:15 Uhr usw. Die Aufgabe der Teamer*innen hätte darin bestanden, die Familien auf ihrem Weg zu begleiten oder die einzelnen Stationen zu betreuen – das natürlich immer unter Einhaltung der Hygienevorschriften. Sie bemerken den Konjunktiv: Wir haben diese Idee so nicht verwirklicht. Unser Gemeindekirchenrat hat sich für eine andere Lösung entschieden, nämlich die Eltern vor die Wahl zu stellen, die Konfirmation auf den Herbst, das nächste Jahr zu verschieben oder eine kurze Konfirmation mit entsprechend weniger beteiligten Personen zu feiern. In diesen Kurz-Konfirmationen haben dann Eltern, Freund*innen oder Verwandte den Konfirmationssegen gesprochen – so, wie es in Station 4 vorgesehen ist. Trotzdem soll unserem Konzept und seinen Elementen im Folgenden nachgegangen werden.

3 Der Parcours

Station 1 – Ankommen: Die Familien werden am Eingang vom Team begrüßt. Das Votum (»Im Namen des Vaters ...«) markiert, dass der Weg, der jetzt beginnt, Gottesdienst ist. Das Team erklärt der Familie, wie der Gottesdienst abläuft. Sie erhalten eine Übersichtskarte, mit deren Hilfe sie sich auf dem Gelände und im Gottesdienst orientieren können. Dann geht es weiter zur nächsten Station. Diese im Grunde schnell absolvierte Station dient auch dazu, eventuelle Verzögerungen im Betriebsablauf auszugleichen.

Station 2 – Rückblick auf die Konfi-Zeit: Vom Eingang geht es in das Gemeindehaus. Dort ist eine Ausstellung mit Erinnerungsstücken aufgebaut, die die Konfirmand*innen im Vorfeld der Konfirmation hergestellt haben. Die Jugendlichen führen ihre Familien durch die Ausstellung und vermitteln ihnen einen Eindruck davon, was sie während der Konfi-Zeit erlebt haben. Hier kann es Mitmachangebote geben; die Familien können selbst etwas zur Ausstellung beitragen, etwa eine Antwort auf eine Frage, die die Jugendlichen stellen. Auf diese Weise wächst die Ausstellung von Besuch zu Besuch.

Station 3 – Füreinander beten: Der Weg führt die Familien vom Erdgeschoss ins Obergeschoss. Dort stehen Einmachgläser mit Wünschen, die die Jugendlichen vor den Konfirmationen füreinander geschrieben haben. Auf leere Zettel können eigene Wünsche aufgeschrieben werden, z. B. für den*die Konfirmand*in oder eine Person, die an diesem Tag nicht dabei sein kann. Haben alle ihre Wünsche aufgeschrieben, schlägt ein*e Teamer*in ein gemeinsames Gebet vor. Sie lädt nach einer Einleitung dazu ein, die niedergeschriebenen Wünsche vor Gott zu bringen, freiwillig und, wenn gewünscht, auch anonymisiert. Das Vaterunser beschließt das gemeinsame Gebet. Nun werden die Wünsche in ein Einmachglas gegeben, das der*die Konfirmand*in mitnimmt. Im Hintergrund kann Musik laufen, um eine entspannte Stimmung herzustellen.

Station 4 – Die eigentliche Konfirmation: Über die Feuertreppe gelangen die Familien in die Kirche. Dort begrüßt der*die Pfarrer*in die Familien und bittet sie, im Altarraum einen Halbkreis zu bilden. Die Taufkerzen der Konfis stehen auf dem Altar und leuchten. Auf eine Hinführung folgen die Konfirmationsfragen, Glaubensbekenntnis und Konfirmationssegen: Der*Die Konfirmand*in steht in der Mitte. Eltern, Freunde und Verwandte sprechen nacheinander einen Segen, den sie zu Hause vorbereitet haben. Ein*e Teamer*in und der*die Pfarrer*in schließen sich an. Jetzt könnte ein gewünschtes Segenslied gesungen oder gesummt werden. Die Form haben wir in den Kurz-Konfirmationen erprobt, die wir im Juni 2020 dann tatsächlich gefeiert haben: Die eigenen Kinder zu segnen, hat viele Eltern herausgefordert. Dieser Moment will deshalb gut vorbereitet sein. Aber er lohnt sich: Einen in sich so stimmigen und zugleich vielstimmigen Segen wie diesen, den Eltern, Freund*innen und Verwandte sprechen, habe ich selten erlebt. In unserer Gemeinde darf während der Konfirmationen nicht fotografiert werden. In diesem Format sollte dies erlaubt sein, damit die teilhaben können, die nicht dabei sein können.

Station 5 – Offenes Ende: Die Familien verlassen die Kirche über den Seiteneingang. Auf der Wiese vor der Kirche markieren Stehtische Bereiche für die Familien, sodass hier etwaige Kontaktbeschränkungen eingehalten werden können. Dort gratuliert das Team und überreicht die Geschenke: die Urkunde, die Vorher-Nachher-Fotos, den Brief aus der ersten Konfi-Stunde, den die Jugendlichen an ihr zukünftiges

Ich geschrieben haben, ein Kreuz und die Einladung zum Après-Konfi-Treffen. Jetzt ist auch Gelegenheit, um eine Videobotschaft für Freund*innen und Verwandte aufzunehmen, die nicht dabei sein können. Und warum nicht auch anstoßen mit einem Glas Sekt oder O-Saft, wenn es die Hygiene-Vorschriften zulassen?

4 Stolpersteine

Wie oben angedeutet haben wir uns in der Friedensgemeinde für eine andere Variante entschieden: Wir haben Konfirmationen mit kleiner Teilnehmer*innenzahl gefeiert. Dadurch konnten wir an einem Tag lediglich acht Jugendliche in zwei Gottesdiensten konfirmieren. Das Format ist den Familien aber deutlich vertrauter. Auch für das Team hat die Konfirmation mit kleiner Teilnehmer*innenzahl Vorteile: Der Vorbereitungsaufwand ist geringer und es braucht nicht so viele helfende Hände. Denn wie alles Neue sind die Konfirmationen in Stationen vor allem erst einmal eins: aufwendig. Wir haben uns dieses Mal anders entschieden. Aber so, wie es aussieht, könnte es ein nächstes Mal geben. Vielleicht treffen wir dann eine andere Entscheidung.

III »Der Mix macht's!« – Kein Fest ohne Gäste

Dieter Niermann

Auf jeden Fall ist es voller, wenn gefeiert wird!

Klar, die überschaubare Personenzahl von Familie, Freundeskreis oder »hartem Kern« wird gern mal geöffnet, wenn es was zu feiern gibt. Und doch ist Menge allein nicht Garant für ein gelingendes Partyereignis. Einfach nur »mehr vom Gleichen« funktioniert in der Regel nicht. Soll das Fest zum lebendigen Ort der Begegnung, zum Marktplatz der Meinungen, Talente und Typen werden, ist ein bunter Gäste-Mix angesagt.

Über die Stadt als Kristallisationspunkt und Ort kulturellen Fortschritts schreibt Aristoteles im Zweiten Buch seiner »Politik« sinngemäß: »Gleiche Menschen bringen keine Stadt, kein Gemeinwesen zustande.« Genau das ist es! So anstrengend es ist, dass nicht alle so denken, empfinden und entscheiden wie ich selbst, so mühsam wie es ist, Vielfalt und Kompromiss erlebbar zu machen. Differenz ist es, die uns Interesse aneinander empfinden lässt und pulsierendes Leben verspricht.

Das Fest bietet für jede und jeden etwas. Und es macht es leicht, auch die Dinge zuzulassen, die für den jeweils anderen attraktiv und lebenswert sind. Ein guter Jahrmarkt, eine Kirmes oder der Freimarkt, wie er in Bremen heißt, funktioniert als generationsübergreifendes Event auf diese Weise: Riesenrad und Festzelt, Achterbahn und Fressbuden, Bierstand, Losbude und Kinderkarussell – sie alle rücken auf engstem Raum zusammen und bieten für jeden Geschmack etwas Passendes!

1 Generationenübergreifende Begegnung auf dem roten Sofa mitten im Gottesdienst

Reingard Wollmann-Braun

1 Die Idee: Zu zweit aufs rote Sofa

Die Idee des Projekts kam mir auf der Fahrt einer Gemeindereise. Je länger die Fahrt wurde, umso intensiver kam ich mit älteren Menschen ins Gespräch. Mich beeindruckte die Verquickung von Lebensgeschichte und Glaubenserfahrungen. Der Gedanke entstand: Wie wäre es, wenn Konfirmand*innen diese Schätze bergen würden? Die Kirchengemeinde bietet die Chance von Begegnung mit Menschen, die der eigene Lebensradius nicht bereithält. Die Alten wie auch die Jungen stehen an Lebensschwellen. Die einen blicken reich an Erfahrungen auf ihr Leben zurück, die anderen erwartungsvoll dem Leben entgegen. Der Glaube kann an solchen Lebensschwellen essenziell werden, und genau zu dem Punkt kommen sie miteinander ins Gespräch: »Woran hängt dein Herz?« Konfis tauschen sich zum gelebten christlichen Glauben mit den Senior*innen ihrer Gemeinde aus. Highlights der Gespräche finden »live« auf einem roten Sofa im Gottesdienst statt. Die generationenübergreifende Begegnung feiern wir inmitten der Gemeinde.

2 Zur Situation vor Ort – das rote Sofa vor Augen

Von Anfang an sah ich vor meinem inneren Auge die Konfirmand*innen mit einer Person ins Gespräch vertieft auf dem roten Sofa im Altarraum unserer Kirche sitzen. Zudem war mir wichtig, den Konfis genug Zeit zu lassen, sich auf die Idee einer intensiven Begegnung mit älteren Menschen einzustellen. Ich führte das Projekt als »Erzählwerkstatt« ein. Im Zentrum stand die Begegnung mit einem*einer Christ*in, die einer anderen Generation angehört und das gemeinsame Erzählen über den eigenen Glauben. Das erfordert Mut zu Begegnung, Kontaktfreudigkeit, Offenheit für Ungewisses und gleichzeitig die Fähigkeit, sich gesprächsleitend einzubringen, Dinge selbst in die Hand zu nehmen. Manches brachten die Konfirmand*innen an Gaben mit, anderes haben wir uns durch Workshops mit Expert*innen angeeignet. Den Werkstatt-Charakter habe ich betont, da mir die Offenheit des Erzählprozesses wichtig war.

Die Gruppengröße ist variabel. Ich habe die »Erzählwerkstatt« als Gemeindepraktikum zum Konfirmand*innenunterricht angeboten (alternativ gab es Exkursionen zu diakonischen Projekten, Beteiligung am Kindergottesdienst oder Ähnliches). So haben zehn von siebzehn Konfis einer Gruppe aktiv teilgenommen. Manche Phasen, die für alle Konfirmand*innen einen Erkenntniswert hatten, fanden im Konfirmandenunterricht statt. Die Elemente, die allein der Durchführung der Gespräche dienten, erfolgten dann im Anschluss des Unterrichts ein- bis zweimal im Monat.

Durch den zeitlichen Spielraum hatten die Beteiligten Zeit, die Begegnung inhaltlich und methodisch vor- und nachzubereiten und sich gegebenenfalls noch einmal zu treffen. Auf diese Weise konnten die Gesprächspartner*innen einen vertrauensvolleren Umgang miteinander finden und Kontakt zueinander aufbauen.

3 Vorbereitungen – herzliche Einladung aufs rote Sofa!

Personal

Wer ist bereit, auf dem roten Sofa Platz zu nehmen? Zu den Vorbereitungen des Projekts gehört die Gewinnung von Ehrenamtlichen, die das Projekt auf unterschiedliche Weise begleiten. Einerseits sind gesprächsbereite Senior*innen wichtig sowie Ehrenamtliche, die beruflich in den Bereichen Journalismus, Medien und Gesprächsführung tätig sind und ihr Wissen den Konfis zur Verfügung stellen. Kontaktfreudige Senior*innen habe ich aufgrund der Gemeindefahrt ansprechen können. Die Expertise zum Thema boten Konfirmand*innenelterrn an, die in der Medienbranche tätig waren.

Vor Beginn des Projekts haben wir Termine für die Workshops zu den Themen »Gesprächsführung«, »Dokumentation eines Gesprächs« und »Archivierung von Gesprächsmaterial« vereinbart.

Grundsätzlich hatte ich mir vorher einen Zeitplan erstellt, der auf einen gemeinsamen Gottesdienst zum Abschluss des Projekts zulief. Das Projekt kann starten, wenn sich das Team der Konfis, der Gesprächspartner*innen und begleitenden Profis gebildet hat.

Vorbereitend kann ein Planungskomitee aus zwei Konfirmand*innen, zwei älteren Menschen und zwei Ehrenamtlichen gebildet werden, das sich die einzelnen Schritte überlegt und die Wünsche der Beteiligten berücksichtigt und mit einbringt.

Material
- Schreibutensilien für Gesprächsnotizen
- Mikrofon (Smartphone)
- Fotoapparat

4 Ablauf: Schritt für Schritt

- Vorbereitungsphase: 2–4 Wochen
- Bildung der Gruppen (1 Stunde)
- Einüben in Gesprächsführung (2 Stunden)
- Erarbeitung eines Gesprächsleitfadens (1 Stunde)
- Besuche mit Gesprächen (2–3 Stunden, evtl. 4 Stunden)
- Archivierung der Gespräche (1–2 Stunden)
- Auswertung der Gespräche (1–2 Stunden)
- Präsentation der Gesprächsergebnisse (1–2 Stunden)
- Vorbereitung des Gottesdienstes als Feier der Begegnung (2 Stunden)

5 Durchführungsbeschreibung

Die Vorbereitungsphase ist von persönlicher Ansprache von Ehrenamtlichen geprägt, bis sich ein Team zusammengefunden hat.

Beim ersten Treffen habe ich das Projekt vorgestellt und gemeinsam mit den Konfis nach einem passenden Titel gesucht. Die Jugendlichen nannten sich die »Zeitreisereporter*innen«. Denn sie würden sich auf eine Art Zeitreise begeben, um mit Menschen einer anderen Generation über ihren Glauben zu sprechen.

Hier ein kurzer Formulierungsvorschlag für die Einführung des Projekts:

»Die Konfirmandenzeit bietet die Chance, mit Menschen zusammenzukommen, mit denen du dich im Alltag normalerweise nicht austauschen würdest. Dabei gäbe es Gesprächsstoff. Denn die Senior*innen unserer Gemeinde haben eine große Lebenserfahrung und schon viel erlebt mit ihrem christlichen Glauben. Sie blicken auf ihr Leben zurück und können sagen, an welchen Punkten der christliche Glaube ein Schatz für sie war. Du stehst am Anfang deines Lebens und fragst dich vielleicht manchmal, was der christliche Glaube mit deinem Leben zu tun hat.
Deshalb lade ich dich ein, hier in deiner Gemeinde eine Reise anzutreten und andere Menschen nach ihren Glaubenserfahrungen zu fragen, z. B. ›Woran hängt dein Herz?‹ Indem du dein Gegenüber das fragst, kannst du auch gleichzeitig von dir erzählen. Denn die älteren Menschen unserer Gemeinde würden sich freuen, zu hören, wie dein Blick auf den Glauben aussieht. Warum bist du hier und möchtest konfirmiert werden? Vielleicht gab es für Menschen früher andere Gründe als heute oder liegen die Gründe damals und heute sogar nah beieinander?«

Hauptphase – Vorbereitung: Aneignung von Gesprächstools in Workshops, Erarbeitung der Gesprächsleitfäden. Zentral sind nun die Begegnungen von Alt und Jung und die Auswertung der Gesprächsergebnisse. Nachbereitung: Auswertung der Gesprächsergebnisse und Vorbereitung ihrer Präsentation.

Abschlussphase: In dieser Phase steht die Vorbereitung des Gottesdienstes im Vordergrund. Da wir ihn am vierten Advent gefeiert haben, entzündeten wir für jedes der vier zentralen Gesprächsthemen eine Kerze und nahmen die Dialoge so in die Liturgie mit auf.

6 Stolpersteine

Die Erzählwerkstatt kann sich zeitintensiver als geplant erweisen. Manche Konfirmand*innen benötigen zum Beispiel Unterstützung beim Erstellen des Gesprächsleitfadens. Grundsätzlich kann m. E. der erste Stolperstein gleich zu Beginn auf den Weg rollen: die Suche nach gesprächsbereiten Ehrenamtlichen. Dafür ist sensibler Kontaktaufbau in den verschiedenen Altersstufen wichtig. Wenn das Team steht, sind meiner Erfahrung nach keine weiteren Stolpersteine zu erwarten.

7 Pädagogisches Potenzial und Gesamtbewertung

Alles in allem bereichert die Erzählwerkstatt auf verschiedenen Ebenen: Sie hilft, Schätze zu heben, die die Menschenvielfalt der eigenen Kirchengemeinde in sich birgt. Aus Fremdheit kann Vertrauen werden. Der Austausch führt zu einer Erweiterung der Erfahrungswelt und kann so Respekt und Toleranz dem*der anderen gegenüber bewirken. Neben der grundsätzlich fruchtbaren Erfahrung können die Konfis ihre kommunikativen Fähigkeiten vertiefen bzw. erweitern.

Darin liegt ein religionspädagogisches Potenzial im doppelten Sinne. Einerseits geben die Senior*innen die existenzielle Erfahrung vom christlichen Glauben weiter. Das ist zentral, denn dort, wo die Existenz betroffen ist, gewinnt christlicher Glaube an Sinn und Relevanz. Mit Paul Tillich gesprochen: »Gott ist das, was uns unbedingt angeht.«

Zudem geschieht in den Gesprächen von Jung und Alt Gemeindeaufbau. Das Projekt schließt mit der Teilhabe der ganzen Gemeinde am generationenübergreifenden Dialog auf dem roten Sofa. Begegnung wird als Bereicherung im Gottesdienst gefeiert.

Zumal ein Thema im Zentrum steht, das jede*n betrifft. Es regt immer zum Nach- und Weiterdenken an. Diese Frage bleibt zu jeder Zeit und in allen Altersstufen relevant: »Woran hängt dein Herz?«

8 Übertragungsmöglichkeiten

In eingeschränkten Lebenszeiten wie zum Beispiel in »Corona-lockdown-Phasen« ließen sich die Dialoge auch als Podcast oder als Film gestalten. Spannend wäre die Frage: »Was war/ ist das Besondere an deiner Konfirmation – damals und heute?« oder »Worauf hast du dich gefreut, worauf gehofft?« Dazu könnten Konfirmationsbilder damals und heute nebeneinander mit dem Beamer im Altarraum gezeigt werden – das wäre als Fortsetzung der Erzählwerkstatt und Einbindung der Konfis nach der Konfirmation weiterzudenken: Herzliche Einladung zur zweiten Gesprächsrunde auf dem roten Sofa!

2 Mache dich auf und werde licht!

Gwen Schwethelm

1 Idee

In meiner Heimatgemeinde gab es im Advent eine Tradition, die mich als junge Pfadfinderin glücklich gemacht hat. Am ersten Adventswochenende trafen sich Kinder und Jugendliche (rund 100 kleine und große Aktive!) der Kirchengemeinde und bastelten Adventsgestecke. Diese wurden parallel zum Gottesdienst zu Menschen gebracht, die aufgrund ihres Alters oder einer Krankheit nicht mehr in den Gottesdienst kommen konnten. In Gruppen bekamen wir eine Adressliste, Gestecke und zogen mit Gitarren und Liederheften los. Bei jedem Menschen, den wir besuchten und beschenkten, sangen wir Adventslieder und trugen ein Gedicht oder eine kleine Geschichte vor. Ich habe selten so glücklich-traurig-sehnsuchtsvolle-getröstete Menschen gesehen. »Mache dich auf und werde licht!« bekam für mich so eine praktische Bedeutung. Davon inspiriert führten wir über mehrere Jahre eine Aktion als wählbares Konfi-Projekt in einer Hamburger Gemeinde durch. Mit Konfirmand*innen gingen wir im Advent in ein Seniorenzentrum. Wir gestalteten in jedem Wohnbereich eine kleine Adventsfeier.

2 Und so lief es ab

Die Konfirmand*innen kamen am Samstagnachmittag des ersten Adventwochenendes (für etwa vier Stunden) ins Gemeindehaus und backten und verzierten zusammen mit den Teamer*innen Kekse für rund 100 Tütchen. Sie bastelten Anhänger mit Adventsbotschaften (Grüße und z. B. Jesaja 60,1), die an den Tüten befestigt wurden. Wir lasen mit ihnen eine Auswahl an Gedichten und Geschichten und suchten Freiwillige, die diese vortrugen. Für die letzte Stunde kam die Musikerin der Gemeinde und übte Adventslieder. Jedes Jahr wieder der mit Abstand peinlichste und gleichzeitig schönste Teil des Projektes! Und: absolut notwendig und hilfreich – nicht nur für die Konfis. Am Adventssonntag trafen wir uns um 14 Uhr am Seniorenzentrum. Nach einer Begrüßung, in der die Sozialpädagogin des Seniorenzentrums den Konfis die Wohnbereiche vorstellte, übten wir unser Repertoire und machten eine Runde zu Erwartungen und Befürchtungen. Dann wurden wir durch die verschiedenen Bereiche geführt. Überall sangen wir drei bis vier Lieder, die Konfis lasen Gedichte oder Geschichten und verteilten Kekstütchen. Den Abschluss bildete eine Auswertungsrunde, in der wir Eindrücke, Fragen und Ideen für Anschlussprojekte sammelten und besprachen. Insgesamt verbrachten wir je nach Gruppengröße und Reflexionsfreude etwa zwei Stunden im Seniorenzentrum.

3 Vorbereitung

Wie viele Konfis und Teamer*innen werden gebraucht?

Da Konfis häufig nicht laut singen, braucht es mindestens 10 Konfis, die von zwei Gitarrist*innen und/oder zwei mutigen Sänger*innen begleitet werden. Wir waren insgesamt (mit Teamer*innen und Gitarrist*innen) immer mindestens 15, maximal 25 Personen. Mit 25 Personen war es in manchen Wohnbereichen schon eng. Gute Absprachen mit dem kooperierenden Seniorenzentrum sind daher wichtig.

Mit wem wird gefeiert?

Seniorenzentren sind offen für Kooperationen mit Gemeinden. Selbst dann, wie in unserem Fall, wenn sie nicht im Gemeindegebiet liegen und vorher kein Kontakt bestand. Damit es eine organisatorische Vorlaufzeit gibt, sollte mindestens ein halbes Jahr vorher angefragt und die Rahmenbedingungen geklärt werden (Zeit, Personenzahl, Raum für Vor- und Nachgespräche, Ansprechpartner*in). Anfang November gaben wir die konkrete Gruppengröße an und fragten die Anzahl der anwesenden Bewohner*innen ab. Als wertvoll empfanden wir am Adventssonntag selbst, dass es vor Beginn immer eine kurze Vorstellung der Einrichtung gab und die Konfis Fragen und Befürchtungen äußern konnten. In unserem Fall übernahm das die Sozialpädagogin, die die gesamte Zeit Ansprechpartnerin war. Ein Glücksfall! Die Konfis empfanden es als Wertschätzung, dass eine Hauptamtliche seitens des Seniorenzentrums dazu kam, begleitete, ermutigte und dankte. Auch für etwaige Anschlussprojekte oder ein individuelles ehrenamtliches Engagement aus Reihen der Konfis ist es von Vorteil, eine*n feste*n Ansprechpartner*in im Seniorenzentrum zu haben.

Wo und was wird gebacken?

Um mit rund 20 Personen ca. 500 Kekse zu backen, 100 Anhänger zu gestalten und die Kekstüten zu packen, werden ein entsprechend großer Raum und mindestens zwei Backöfen benötigt. Kurzum, für den Nachmittag sollten ein Gemeindesaal und eine Küche zur Verfügung stehen. Um in zweieinhalb Stunden eine ausreichende Menge an Keksen herzustellen und alle Konfis zu beschäftigen, empfiehlt es sich, bereits Teig für die ersten Kekse vorbereitet mitzubringen. Dafür eignet sich ein beliebter Plätzchenteig mit kurzer Backzeit, das Ausstechen macht Freude und die Kekse können nach dem Backen auch lustig (oder gruselig) verziert werden – was zeitlich gut kalkuliert sein will. Eine Gruppe legt mit dem Ausstechen los, eine zweite bereitet den Teig für eine weitere Kekssorte vor und die dritte beginnt mit den Anhängern für die Tütchen. Selbstverständlich sollen alle einmal alles machen – die Aufgaben werden also getauscht. Zum Schluss verzieren alle Konfis die Plätzchen. Wenn keine zwei Backöfen zur Verfügung stehen, können Plätzchen vorgebacken werden und die Konfis verzieren diese dann nur noch. Oder, es werden Kekse hinzugekauft, sodass nicht so viele Kekse selbst gebacken werden müssen.

Liedauswahl?

Das war zugegeben gar nicht einfach. Es sollten einerseits Lieder sein, die leicht zu singen und auf der Gitarre zu spielen sind, dabei nicht verstaubt-sperrig auf die Konfis wirken und die Bewohner*innen im Seniorenzentrum zum Mitsingen einladen. Diese Wünsche treffen auf kaum ein Adventslied gleichermaßen zu. Zudem wussten wir selten, wie gut und gern die Konfis singen. Also haben wir uns von der Kirchenmusikerin beraten lassen und ausgewählt, was die begleitenden Teamer*innen gut und gern sangen. Manche Lieder sangen wir ohne musikalische Begleitung. Zu unserem Lieder-Repertoire gehörten:

- Macht hoch die Tür (EG 1) (Na klar!)
- Mache dich auf und werde licht (z. B. EG Bayern/Thüringen 539, EG Rheinland/Westfalen/Lippe 537)
- Licht der Liebe (z. B. Liederbuch »Kommt, atmet auf«, 2011, 057)
- Tochter Zion (EG 13)
- Tragt in die Welt nun ein Licht (z. B. EG Rheinland/Westfalen/Lippe 538, Liederbuch »Kommt, atmet auf«, 2011, 0124)
- Wir sagen euch an den lieben Advent (EG 17)
- O Heiland, reiß die Himmel auf (EG 7)
- Wie soll ich dich empfangen (EG 11)

Am Ende half nur ausprobieren! Und die Besucher*innen freuten sich jedes Jahr, auch über unseren hier und da schiefen Gesang.

Wer probt die Lieder?

Im ersten Jahr übten wir mit den Konfis allein. Das ging auch. Trotzdem waren wir froh, danach das Glück zu haben, dass die Kirchenmusikerin Lust und Zeit hatte, am Samstag mit uns die Lieder zu proben.

Kosten

Für die Backzutaten, das Bastelmaterial (Tüten und Bänder) sowie Getränke und Snacks (neben den Keksen), kamen wir immer mit rund 100 € aus.

Und wenn schon mal gebacken wird …

Wenn Tüten übrig blieben, haben wir damit die Hauptamtlichen der Gemeinde überrascht. Aber auch die Konfis selbst freuen sich über die Tüten …

4 Ablauf des Samstags

Wann?	Wer?	Was?	Material
14:00–14:30	Alle	Begrüßung, Lied singen, Ablauf vorstellen, Kleingruppen einteilen	Gitarre(n), ggf. Namensschilder, Liedblätter
14:30–16:30	Alle in drei Kleingruppen, an jeder Station mindestens ein*e Teamer*in	An den »Produktionsstationen«: 1. Keksteig zubereiten 2. Kekse verzieren und/oder ausstechen und formen 3. Tütenanhänger ausschneiden und beschriften Wechsel der Stationen ermöglichen/ planen	1. Rezepte, Zutaten, Bleche, Mixer, Backpapier 2. Fertiger Teig und/oder fertige Kekse, Ausstechformen, Schokoglasur (o. Ä.), Streusel etc. 3. Ansichtsexemplar, Scheren, Pappe, Geschenkband, Locher, Silberstifte (o. Ä.)
16:30–17:00	Alle	Tüten packen und mit Anhänger versehen	Tüten, Anhänger, Transportkiste(n)
17:00–17:45	Alle	Adventslieder üben	Klavier, Gitarre(n), Liedblätter
17:45–18:00	Alle	Letzte Absprachen, Ablauf der kleinen Adventsfeiern festlegen und Feedbackrunde	Handzettel mit Infos für den Sonntag (Adresse, Zeit, Ablauf)

5 Fazit

Viele Konfis gaben in der Abschlussrunde zu, dass sie das Projekt wegen des Keksebackens gewählt hatten, den Nachmittag im Seniorenzentrum dann aber beeindruckend fanden. Ersteres überrascht wenig, Zweites ist eine schöne Bestätigung dessen, was auch wir Jahr für Jahr erlebt haben. Die Bewohner*innen sind gerührt, dankbar und beschwingt. Dass junge Menschen sich die Zeit nehmen, etwas für sie vorzubereiten und zu gestalten, ist nicht alltäglich und geht dementsprechend zu Herzen. Zu Herzen geht es auch den Konfis. Nicht selten war es für viele der erste Besuch in einem Seniorenzentrum und das bewirkte kluge, mitunter die Gesellschaft kritisch beleuchtende Fragen im Hinblick auf das »Älterwerden«, Familienkonstellationen, Demenzerkrankungen, Fürsorge, Zeit, Einsamkeit und ehrenamtliches Engagement. Gut so! All diese Themen können in der Konfi-Arbeit aufgegriffen und vertieft werden. Oder, wie hin und wieder bei uns der Fall, führen sie zu einem ehrenamtlichen Engagement in Seniorenzentren oder der Nachbarschaft.

6 Ausblick

Das Projekt bietet Anknüpfungspunkte, um die Kooperation mit einem Seniorenzentrum zu verstetigen oder auszubauen:
- gemeinsame kleine Andachtsformate im Seniorenzentrum (mit oder von den Konfis vorbereitet);
- Lesenachmittage im Seniorenzentrum;
- Tandemprojekt: Ein Konfi und ein*e Bewohner*in treffen sich über die Konfi-Zeit regelmäßig;
- Biografiearbeit;
- gemeinsames Kunstprojekt oder Ausstellung von Bildern der Konfis im Seniorenzentrum (z. B. Thema »Gottesbilder«);
- weitere kleine, kirchenjahrspezifische Aktionen im Seniorenzentrum (Ostern, Erntedank, St. Martin).
- Während des Corona-Lockdowns haben sich die Senior*innen in meinem Gemeindebezirk über Briefe und Selbstgestaltetes von Kindern und Jugendlichen aus der Kirchengemeinde gefreut – warum nur in Krisenzeiten? Zumal diese Kontakte zu Brieffreundschaften, Besuchen und Einkaufshilfen führten.

# 3 Anders als erwartet – Konfi-Prüfung

Thorsten Pachnicke

1 Vorüberlegungen

Eine der ersten Fragen, die schon bei der Konfi-Anmeldung gestellt wird, ist die nach dem, was alles gelernt werden muss. Die 13-Jährigen kommen aus dem Schulalltag und gehen in den »Konfirmanden-Unterricht«, somit ist ihnen das ein vertrautes Konzept. Vielen Unterrichtenden auch: Wie soll man überprüfen, ob die Jugendlichen etwas aus der Zeit mitnehmen, wenn nicht, indem man es abfragt. Gleichzeitig wollen wir in der Kirche anders sein. Wir wollen zeigen, dass Gottes Liebe bedingungslos ist. Also muss kein Jugendlicher etwas leisten, damit wir ihn konfirmieren. Meine These: Weil Jugendliche dies in der Schule anders erleben, können sie mit unserer Sichtweise zunächst wenig anfangen. Also habe ich beschlossen, diese meinen Konfirmand*innen praktisch erfahrbar zu machen: Sie bekommen eine Prüfung! Das kündige ich schon am Anfang an. Zu der Prüfung werden auch Eltern und Paten eingeladen. Und dann kommt es ganz anders als erwartet …

2 Die Idee

Zu meiner Konfirmandenzeit gab es mit »Wetten dass …?« eine generationsübergreifende Abendshow. Später kam Stefan Raab mit seinen Spieleshows. Warum nicht solche Impulse einmal in den Rahmen der Kirche und des Konfirmandenunterrichts übersetzen? Dabei darf man keine Angst vor der Heiligkeit der Kirche oder kirchlicher Texte haben. Als Jugendlicher habe ich Glaubensbekenntnis oder Einsetzungsworte beim Lernen um die Wette aufgesagt. Das hat den Texten nicht ihre Bedeutung genommen. In anderen Zusammenhängen habe ich sie wieder wegen ihrer Wichtigkeit gesprochen. Ich möchte, dass die Jugendlichen sich selbstverständlich im Raum und den Traditionen der Kirche bewegen – dazu müssen sie sie erst einmal übersetzen und adaptieren, manchmal verunstalten. Das Heilige nimmt keinen Schaden, es ist größer und wird sich seine Bahn brechen. Deswegen: Keine Angst und einfach mal mit der Heiligkeit spielen!

3 Konzept

Verschiedene Gruppen treten »gegeneinander« an und müssen Aufgaben bewältigen, für die es ein Punktesystem gibt. Das verkündete Ziel ist, dass die Konfirmand*innen »gewinnen«, sprich ihre »Prüfung bestehen«. Die Aufgaben sind bunt gemischt, die gelernten Texte werden aufgesagt, aber auch kreative und körperliche Fähigkeiten sind gefordert. Manche Aufgaben werden von der ganzen Gruppe erledigt, für andere werden Champions entsprechend ihrer Fähigkeiten ausgewählt.

4 Voraussetzungen

Teamer*innen: Ein solches Event lässt sich nicht ohne eine Gruppe von mindestens fünf Ehrenamtlichen durchführen. Es empfiehlt sich, dass das die Konfi-Teamer*innen übernehmen. (Falls es keine gibt, ist ein solches Event eine gute Möglichkeit, Teamer*innen aus den vergangenen Jahrgängen zu gewinnen.) In der ersten Variante schließt sich aus, dass der Kirchengemeinderat (KGR) mit vorbereitet, aber in der zweiten Variante können interessierte Kirchengemeinderät*innen auch die Aufgaben übernehmen.

Vorbereitung: Es sollte einen Raum geben, der eine geeignete Größe hat, dass alle beteiligten Gruppen separat sitzen können. Idealerweise ist das die Kirche (siehe Abendmahl zum Abschluss). So können Gruppe A z. B. die ersten drei Bänke, Gruppe B die nächsten drei usw. zugeteilt bekommen. Dafür muss der Raum beim Betreten am besten markiert sein, damit sich die Gruppen zu Beginn gleich sortieren.

Zudem ist irgendeine Form der Dokumentation nötig (z. B. eine Punktetafel aus der Sporthalle, einfache Flipcharts reichen aber auch), die allerdings erst später sichtbar werden sollte, um den Überraschungseffekt des spielerischen Charakters aufrechtzuerhalten.

Für jede Gruppe sollte sich vom Anfang bis zum Ende ein*e Teamer*in verantwortlich fühlen, der*die die Gruppenmitglieder begrüßt und ihnen z. B. ihren Platz zuweist.

Bis zur Erklärung des Systems bleiben die Gruppen im Ungewissen, wie der Abend verlaufen wird. (Wahrscheinlich geht das in Variante 1 nicht für den KGR, wenn man ihn dafür gewinnen will. Der Termin sollte in dem Fall frühzeitig gesetzt sein – vielleicht geraten die Ablaufdetails ja bis dahin in Vergessenheit, zumindest beim ersten Mal …)

Gruppengröße: Es macht einen großen Unterschied, ob es um einen Konfirmand*innenjahrgang von 20 oder 50 Jugendlichen geht. Beides eröffnet eigene Möglichkeiten. Ich habe gute Erfahrungen mit zwei verschiedenen Varianten gemacht:
- Variante 1 – eine überschaubare Gruppe
  In dieser Variante kann man drei Gruppen gegeneinander antreten lassen: Konfirmand*innen – Eltern (und Pat*innen) – KGR. Das bringt den Vorteil mit sich, dass KGR und Gemeinde an diesem Punkt miteinander verknüpft werden und ins Gespräch kommen können. Kirchenferne Eltern finden auf diese Weise Ansprechpartner*innen in der Kirche, die wahrscheinlich anders sind, als sie es erwartet hätten.
- Variante 2 – eine große Anzahl von Konfirmand*innen
  Hier empfiehlt es sich, mehrere Gruppen gegeneinander antreten zu lassen. Gute Erfahrungen haben wir mit Jungs – Mädchen – Mütter – Väter gemacht. In der Regel sind die Väter die kleinste Gruppe. Hier könnte man ggf. die Pat*innen oder den KGR hinzuzählen. Der KGR kann auch als fünfte Gruppe dazu kommen.

5 Ablauf

1. In der Begrüßung können die Nerven, je nach Bedarf, ein bisschen beruhigt oder aber auf die Folter gespannt werden.
2. Und dann beginnen wir – wie es sich für die Kirche gehört – mit einer Bibelgeschichte.

3. Als Nächstes kommt – wieder relativ erwartet – ein Lied. Hier habe ich eines gewählt, das ich mit den Konfirmand*innen (und auch in Gottesdiensten mit Konfirmand*innen und ihren Eltern) häufig gesungen habe, bei dem man wechselseitig mit Männern und Frauen singt. Dazu stehen die Singenden immer auf und die Schweigenden setzen sich. Teamer*innen zählen dabei unauffällig die Fehler der Gruppen mit.
4. Nun erst wird erklärt, wie die eigentliche Prüfung aussieht: Die Wertungstafeln werden hervorgeholt (oder per Beamer an die Wand geworfen) und die jeweiligen Teamer*innen nennen die Fehlerzahl der ersten Aufgabe – nämlich beim Aufstehen und Hinsetzen des eben gesungenen Liedes. Damit werden die ersten Punkte vergeben.
5. Ab hier verwandelt sich die Prüfung in die besagte Familien-Spieleshow. Die Aufgaben, die nun kommen, sollten sich im Charakter immer wieder abwechseln, um die unterschiedlichen Begabungen der Gruppen bzw. Personen anzusprechen. Im Folgenden stelle ich die Aufgaben vor, wie wir sie bisher erfolgreich erprobt haben.
6. Zwischen den Aufgaben werden immer wieder die Punktestände angekündigt. Gelegentlich ist auch ein Lied angebracht.
7. Nach dem verkündeten Endergebnis – und das sollte ehrlich sein, nicht die Konfirmand*innen künstlich »gewinnen« lassen – kommt ein entscheidender Teil: ein gemeinsames Abendmahl. Dazwischen kann es eine kleine Pause geben, in der der*die Pastor*in z. B. einen Talar anzieht etc. Die Familien können sich zusammensetzen und damit die Konkurrenz unter den Gruppen auflösen. Die Teamer*innen können den Tisch vorbereiten. Und dann geht es in die Abendmahlsfeier.
8. Den Abschluss der Prüfung bildet der Segen am Ende der Abendmahlsfeier.

6 Aufgabenliste

Dies ist eine Reihe von Aufgaben, die wir schon ausprobiert und die sich bewährt haben. Es gibt noch verschiedene Spiele oder Lieder z. B. von den Konfirmand*innenfreizeiten, die hier noch einmal ihren Raum bekommen können (z. b. haben sich die Teamer*innen dringend das Spiel gewünscht, eine Münze über eine Strecke transportieren zu lassen, indem sie zwischen die Pobacken geklemmt wird. Ich habe selten einen KGR so lachen sehen …). Es empfiehlt sich, die Arten der Aufgaben abzuwechseln und der eigenen Kreativität bei der Auswahl und dem Erstellen von Aufgaben keinen Riegel vorzuschieben.

Gruppe – Zeit stoppen		
Vaterunser	Nacheinander sagen die Gruppen gemeinsam das Vaterunser auf. Dabei wird die Zeit gestoppt.	Jeweils die langsamste Gruppe bekommt einen Punkt, alle schnelleren je einen mehr.
Credo	Jede Gruppe sagt einzeln das Apostolische Glaubensbekenntnis auf. Dabei sagt jede Person ein Wort und gibt dann für das nächste Wort das Mikro weiter. Auch hier bekommt die schnellste Gruppe die meisten Punkte.	
Psalm 23	Alle Gruppen bekommen gleichzeitig die einzelnen Sätze des Psalms ausgedruckt als gemischten Stapel in die Hände. Sie sollen sich jeder mit einem Zettel in der Hand so aufstellen, dass der Psalm in der richtigen Reihenfolge ist.	

Ausgewählte Champions		
Bibel aufschlagen	Es werden Bibelstellen angesagt (oder in den üblichen Abkürzungen auf Zetteln hochgehoben), die es gilt aufzuschlagen. Die*Der Schnellste bekommt einen Punkt.	
Tisch des Hauses	Es wird ein Gegenstand angesagt (Gemeindebrief, Schuh, Kerze …), der so schnell wie möglich geholt werden soll. Auch hier ist der Punkt für die*den Schnellste*n.	
… oder zusammen …	Hier werden die Gegenstände den Bibelversen entnommen und dann geholt. Das können auch Teams von zwei Champions erledigen: Eine*r blättert, eine*r läuft.	Hierfür wird jeweils eine Person ausgesucht, die nach Meinung der Gruppe die Aufgabe am besten lösen kann. Diese Personen kommen zusammen nach vorn (oder in die Mitte), wo die Aufgaben für alle sichtbar von allen gleichzeitig gelöst werden.
Eierlaufen	Eine Bibel muss auf einem Kochlöffel über ein Hindernisparcours transportiert werden. (Hier kommt es gelegentlich zu der Erkenntnis, dass eine aufgeschlagene Bibel hilfreicher ist als eine geschlossene …)	
Tabu	Es gibt kirchliche Begriffe, die erklärt werden müssen. Dabei dürfen gewisse Schlüsselwörter nicht genannt werden. Begriffe und Schlüsselwörter stehen sichtbar auf einer Karte. Jede Gruppe hat die gleichen Begriffe in der gleichen Reihenfolge. Es gibt drei Minuten Zeit. Jeder erratene Begriff gibt einen Punkt.	
Liedstrophe	Ein bekanntes, einfaches Lied (z. B. Laudato si) soll eine neue Strophe bekommen. Hierzu kann ein Thema vorgegeben werden. Und es ist einfacher mit zwei oder drei Champions. Nach dem Liedvortrag aller Gruppen vergeben die Gruppen je einen Punkt (allerdings nicht an sich selbst).	

Gruppe – Buzzer		
Fakten zur Gemeinde	Hier können »Richtig oder Falsch«-Fragen gestellt werden oder aber offene Fragen. Die erste richtige Antwort bekommt den Punkt.	Für diese Kategorie braucht es eine Methode, nach der angezeigt werden kann, wer als Erstes die Antwort geben möchte. Das kann durch Melden der Gruppenteamer*in geschehen. In einer Gemeinde hat z. B. ein Teamer ein Buzzer-System gebaut, das den Altarraum unterschiedlich beleuchtet hat …
Fragen zur Bibelgeschichte	Die unter 2. gehörte Bibelgeschichte war nicht zweckfrei. An dieser Stelle können allgemeine oder auch Detailfragen gestellt werden. (Wie heißt das Kind, das die Brote dabeihatte? Wissen wir nicht!)	

7 Abendmahl

Am Ende werden die Sieger*innen des Abends verkündet. Dann sortieren sich die Gruppen neu, evtl. stellen die Teamer*innen einen Tisch auf und decken ihn mit dem Abendmahlsgeschirr, das sie für die Feier vorbereiten. Als Pastor habe ich den Talar angezogen, um deutlich zu machen, dass dies nun keine Spieleshow mehr ist, sondern ein feierlicher Moment. Es bietet sich an, dass hier noch einmal Musik gemacht oder aber ein gemeinsames Lied gesungen wird.

Als Vorbereitung auf das Abendmahl (oder je nach Vorliebe auch schon als frei gewählte Einsetzungsworte) kann nun noch einmal erzählt werden, wie unterschiedlich die Jünger*innen waren, die zusammensaßen: Begabungen, Alter, Vorkenntnisse … sie wurden keiner Prüfung unterzogen, sie konnten kommen, wie sie waren. Gewinner*innen, Verlierer*innen, Petrus, Judas, Maria, Johannes. Und so schließen wir auch diesen Abend – und die Konfirmand*innenzeit – indem wir zusammenkommen. An dieser Stelle passt ein Friedensgruß mit Blick in die gesamte Kirche und Worten nach links und rechts. Und dann werden die Familien zusammen eingeladen, sich (wahrscheinlich in mehreren Runden) gemeinsam aufzustellen. Ich habe jeweils das Brot ausgeteilt und die Teamer*innen sind im Anschluss mit vier Kelchen gefolgt. Sollte es ein Segensritual am Ende der Konfi-Stunden gegeben haben, passt dieses hier ausgezeichnet in den Abschluss der Tischrunde. Die letzte Runde ist für Teamer*innen und evtl. andere, die sich vorher noch nicht dazustellen konnten. Der Segen hat das letzte Wort und entlässt alle in den Abend.

Wenn der Abend mit einem solchen (oder anderen) Abendmahl schließt, geschieht etwas ganz Besonderes: Die »Prüfung« wandelt sich in einen zweieinhalbstündigen Gottesdienst, aus dem alle gestärkt nach Hause gehen. Damit sind alle bestmöglich auf die Konfirmation vorbereitet.

4 »Ora et labora«, bete und arbeite – ein Kloster-Camp für Konfirmand*innen

Andreas Lorenz

1 Idee

Kloster Chorin – »des Landes schönster Schmuck« – eine Perle der gotischen Backsteinarchitektur! Die Steine des Klosters künden bis heute von der Frömmigkeit, die hier gelebt wurde. In der evangelischen Kapelle werden heute regelmäßig Gottesdienste gefeiert. Fasziniert von dem Kloster hat mich, während meiner pfarramtlichen Tätigkeit an diesem Ort, die Frage bewegt, wie Jugendliche inhaltlich angemessen und erfahrungsorientiert das Kloster erleben können. Vor dem Hintergrund, dass dieser Ort mehr ist als ein Museum und noch heute von lebendiger Strahlkraft des Glaubens erfüllt wird, entstanden erste Veranstaltungen – als Vorläufer des späteren Camps.

Ora et labora – bete und arbeite: So lautet die benediktinische Lebensregel, nach der auch die Zisterziensermönche im Kloster Chorin bis zur Reformation gelebt haben! Ora et labora = Work-Life-Balance? Kann man das Zisterziensermotto so übersetzen? Viele Menschen suchen in Klöstern gezielt nach spiritueller Begegnung. Dafür bieten die festen Regeln und Abläufe im Kloster einen Rahmen, den man sich selbst im beruflichen und privaten Alltag nicht ohne Weiteres geben kann. Ora et labora und Konfirmand*innen? Das klösterliche Leben im Mittelalter (mit den mönchischen Tugenden Armut, Keuschheit und Gehorsam) könnte von der heutigen Lebenswirklichkeit junger Menschen kaum weiter entfernt sein! Wonach stressgeplagte Erwachsene sich sehnen, kann das Konfis ansprechen? Die feste Überzeugung, dass das geht, war große Motivation bei der Planung, und inzwischen zeigt auch die Erfahrung, dass Konfis sich sehr wohl auf diese strukturierte Zeit mit für sie neuen Erfahrungen von Stille, Gebet und Meditation einlassen können.

Ein Schlüsselerlebnis: Zum Stundengebet gehört immer die Zeit des Schweigens. 100 Jugendliche können in Gemeinschaft eine Minute schweigen! Fast immer hat das funktioniert. Und wenn es gleich beim ersten gemeinsamen Stundengebet so ist, ist es ein Indikator für den Verlauf des Camps, dann sind sie dabei!

Sind Konfirmand*innen für solch ein Konzept zu jung? Junge Menschen kamen seinerzeit im selben Alter wie die Konfis ins Kloster und konnten nach einigen Jahren Noviziat (je nach Eignung und Herkunft) mit etwa 14 Jahren das mönchische Gelübde ablegen. Alles Persönliche wurde zurückgelassen, es galt (nur noch) die Gemeinschaft. Die Lebenserwartung lag bei unter 30 Jahren! Die Klöster waren seinerzeit wahre Jugendbewegungen voller Aufbruchstimmung, Dynamik und Enthusiasmus. Mir ist wichtig, dies den Konfis gleich am Beginn der Tage in einer Eröffnungsrunde zu vermitteln und so eine Verständnisbrücke zu bauen.

2 Situation vor Ort

Einst lebten im Kloster Chorin 200 bis 300 Priester- und Laienmönche. Warum also nicht groß denken und den gesamten Kirchenkreis für eine gemeinsames Konfi-Camp gewinnen? Heute gibt es direkt im Kloster keine Logistik für Übernachtung und Beköstigung. Deswegen ist nur eine Übernachtung möglich, und es braucht viel Improvisation und Kooperationsbereitschaft seitens der Klosterverwaltung, die nebenher den touristischen Betrieb aufrechterhalten muss. Übernachtet wird mit Schlafsack und Isomatte im Kreuzgang, Kapitelsaal, Refektorium, in der Kapelle und anderen Räumen des Klosters. Sechs Toiletten und sechs Waschbecken müssen ausreichen. Wochenenden kommen wegen vollständiger Veranstaltungsauslastung im Kloster nicht infrage, also wurden die ersten beiden Tage der Sommerferien (Do./Fr.) für die Durchführung festgelegt. Außerdem ist ein zweijähriger Turnus vereinbart, sodass jeder Konfirmandenjahrgang das Camp einmal miterleben kann. Grundregel: Jede Konfirmandengruppe reist mit »eigenen« Betreuer*innen (Pfarrer*in, Gemeindepädagog*in, Jungenmitarbeiter*in, Teamer*in) an. Angenehmer Nebeneffekt: Eine breite Mitarbeiterschaft des Kirchenkreises ist mit konkretem Verantwortungsbereich beteiligt.

Das ist für die kollegiale Gemeinschaft eine bereichernde Erfahrung. Die Zusammensetzung aller Beteiligten sieht so aus: 100 Konfis, 15 Teamer*innen, 25 bis 30 kirchliche Mitarbeiter*innen.

3 Vorbereitung

Es bedarf frühzeitiger planerischer Absprachen mit der Klosterverwaltung und im Kirchenkreis, damit das Camp in die langfristige Planung der Konfirmandenzeit Eingang finden kann. Ab Januar finden monatliche Zusammenkünfte der Mitarbeitenden statt, um die Organisation sukzessive voranzubringen. Eine Einführung in Leben und Wirken der Zisterzienser*innen ist hilfreich: Kennenlernen des Klosters, Funktionalität der einzelnen Räumlichkeiten, Frömmigkeit der Zisterzienser*innen, liturgisches Stundengebet erleben etc.

4 Konkretes

Alle Teilnehmenden (Konfis und Verantwortliche) tragen für die Dauer des Camps eine Mönchskutte! (Diese sind zu vertretbaren Preisen leicht über einen Online-Faschingskostüm-Anbieter zu beziehen.) Alle Ankommenden werden mit folgenden Dingen ausgestattet: mit einer Mönchskutte, einem Beutel mit Teilnehmendenheft mit Liedern und Texten für die Stundengebete, einer Tabelle der einzelnen »Labora-Stationen« sowie Holzbrettchen, Holzmesser und Holzlöffel. Der Beutel kann an die Kordel der Kutte gebunden werden und ist ständiger Begleiter. Die Kalkulation für Essen und Trinken ist wichtig. Alles muss vorher eingekauft werden. Zubereitung der Mahlzeiten ist Bestandteil der gemeinsamen Arbeit. Abgegeben werden vor Beginn der Klosterzeit alle persönlichen Dinge (Handys etc.). Dies wird in einer schriftlichen Einladung mit Formular für die Anmeldung neben vielen weiteren Informationen mitgeteilt.

5 Personal

Es ist toll, zu erleben, welche Kompetenzen sich allein im Kreis der Mitarbeitenden finden: Musikalität, handwerkliches Geschick beim Töpfern oder Holzgestalten, Kräuterkunde … Es lohnt, die vorhandenen Potenziale abzurufen! Darüber hinaus ist es ein großer Gewinn, aus der Nachbarschaft des Klosters eine*n Förster*in, eine*n Fischer*in, eine*n Imker*in, eine*n Keramiker*in, eine*n Restaurator*in … miteinzubeziehen. Mit deren Mitwirkung bekommt das Unternehmen nochmal Strahlkraft in die Region und wird stärker wahrgenommen.

6 Plan

Unter dem Stichwort »labora« werden möglichst viele Stationen/Workshops entwickelt unter der Maßgabe: Welche Tätigkeiten haben (im weitesten Sinne) auch die Mönche seinerzeit hier ausgeübt, um ein selbstständiges Leben führen zu können. Da sind der Fantasie kaum Grenzen gesetzt und es gibt mit neuen Leuten im Team auch immer wieder neue Impulse.

Große Stationen dauern zweieinhalb Stunden. Beispiele hierfür sind: Handkreuze schnitzen, Handbuchbinderei, Arbeiten im Klostergarten und im Kräuterkeller, Beten und Singen, mittelalterliche Buchmalerei, Ziegel und Gefäße töpfern, Filzen, Brotbacken, die Abendbrotzeit in der Klosterküche zubereiten.

Kleine Stationen dauern jeweils eine Stunde. Beispiele hierfür sind: Färben mit natürlichen Pflanzenfarben, Kerzen ziehen, Ornamentik-Druck, Körbe flechten, Anleitung zum Schweigegebet, Psalmen kopieren, Trommelbau, Führungen durch das Kloster und die Umgebung (Waldlehrpfad).

7 Ablauf

Donnerstag
10.00 Ankunft
10.30 gemeinsame Eröffnung
11.00 Quartier beziehen
12.00 erstes Stundengebet
12.30 Mittagessen
13.20 Vorstellung der Stationen
13.50 Einteilung der kleinen Stationen
14.00 kleine Stationen

15.00 Stundengebet
15.20 Einteilung der großen Stationen
15.30 große Station
18.00 Stundengebet
18.30 Abendessen
19.50 Einteilung kleine Stationen
20.00 kleine Stationen
21.00 Stundengebet
21.30 gemeinsame Abendgestaltung
24.00 letztes Stundengebet

Freitag
06.00 Stundengebet (freiwillig)
07.30 Wecken
08.00 Frühstück
09.00 Stundengebet
09.20 Einteilung der großen Stationen
09.30 große Stationen
12.00 Stundengebet
12.30 Mittagessen
13.00 Mittagspause inkl. Packen
13.50 Einteilung der kleinen Stationen
14.00 kleine Stationen
15.00 letztes Stundengebet
15.30 Feedback in den Konfi-Gruppen
16.00 gemeinsamer Schlusskreis

8 Durchführungsbeschreibung

Zu Beginn kommen alle Konfis zum Haupteingang des Klosters und werden dort von Teamer*innen empfangen und mit Kutte und Beutel ausgestattet. Die Kutten werden gleich übergezogen! Erste Reaktion: Ich komme mir komisch vor, aber alle anderen sehen auch so aus! Schon zu Beginn der Anfangsrunde ist das kein Thema mehr und irgendwie selbstverständlich. Der gewünschte Effekt der Entschleunigung tritt bereits ein. Das Äußerliche spielt kaum noch eine Rolle. In der Eröffnungsrunde (alle stehen im großen Kreis in der

Klausur, dem Klosterhof) wird begrüßt, das Konzept vorgestellt und in die Tage eingeführt.

Zu den Stundengebeten

Für die Stundengebete, die im Heft abgedruckt sind, wird ein*e liturgisch Verantwortliche*r festgelegt, der*die sich Konfis als Lektor*innen sucht. Die Vorbereitung ist niederschwellig, da alle Texte und Liedvorschläge im Heft abgedruckt sind. Alle ziehen von hinten durch den Mittelgang in die Kirche ein und teilen sich vorn im Chorraum in zwei Gruppen, um sich – wie in einem Chorgestühl – gegenüber aufzustellen. Das Gebet folgt dem entsprechenden Ablauf. Zur inneren Sammlung kann empfohlen werden, während des Einzugs die Kapuzen aufzusetzen, das verhindert auch Gespräche. Nach demselben Schema erfolgen der Auszug und das Sammeln auf dem Klosterhof, um die nächsten Gruppen für die Stationen einzuteilen.

Zu den Labora-Stationen

Die Zuordnung kann nach Neigung, per Los oder Listeneintragung erfolgen. Die Verantwortlichen ziehen mit ihrer Gruppe zum Ort des Geschehens. Das nächste Stundengebet wird durch die Klosterglocke »eingeläutet« und alle begeben sich zur Kirche. Auch das Verpflegen und die Zubereitung der Mahlzeiten sind Bestandteil der Stationen.

9 Stolpersteine

Viele verschiedene Veranstalter*innen und Verantwortliche tummeln sich im Kloster Chorin. Es empfiehlt sich, präzise Absprachen zu treffen, dennoch passieren Überraschungen: Eine vorher nicht bekannt gemachte Hochzeit oder eine Führungsgruppe tauchen an den Stationen oder in der Klosterkirche auf. Es braucht Fingerspitzengefühl und schnelles Reagieren auf Überraschungen. Der nebenher stattfindende normale Klosterbetrieb bietet aber auch Chancen. Klosterbesucher*innen fragen: »Hat jetzt hier ein neuer Orden Einzug gehalten?« Jugendliche werden angesprochen: »Was macht ihr hier?« Mein Bemühen ist es, die Konfis dafür sprachfähig zu machen, damit sie adäquate Antworten geben können. Die Besucher*innen reagieren zuallermeist begeistert!

Die provisorischen Übernachtungsmöglichkeiten und bescheidenen sanitären Verhältnisse sind für manche Jugendliche eine Hürde. Darauf müssen sie vorbereitet werden. Essen ist ausschließlich vegetarisch, zisterziensisch eben. Von außen schauen manche argwöhnisch auf das Tragen der Kutten und empfinden es als despektierlich oder kunstgewerblich?! Nach unseren Erfahrungen habe die Kutten eine entscheidende Wirkung auf die Selbstwahrnehmung, innere Sammlung und das Erleben von geistlicher Gemeinschaft.

10 Gesamtbewertung

Zu den Stärken des Camps gehört die besondere Erfahrung einer geistlichen Gemeinschaft. Hier gibt es Anklänge an Taizé. Daneben die Wahrnehmung des Klosters nicht nur als touristischer Magnet, sondern als Ort mit geistlicher Ausstrahlung. Gemeinsames Tun an den Stationen macht Spaß! Oft bleibt ein sichtbares Ergebnis (Stein, Tonschale, Holzkreuz, Filzkissen, etc.) im Besitz der Teilnehmenden. Das Arbeiten in der Gruppe schafft Raum für Austausch und Gespräche. Für manche Jugendliche war die Chorin-Erfahrung durchaus schon ein geistliches Sprungbrett nach Taizé.

11 Übertragungsmöglichkeiten

Das Konzept ist ohne Weiteres auf Orte übertragbar, wo es benediktinische Klosteranlagen gibt oder Kirchen mit monastischer Tradition. Wir haben das Programm auch schon mit Erwachsenen durchgeführt. Eltern von Konfirmand*innen waren so begeistert davon, dass sie das selbst erleben wollten! Zwei solcher Kloster-Camps – dann mit stärkerem Akzent auf geistlichem Leben, Meditation, Stille usw. – fanden bereits statt.

5 Zum Tatort sind alle wieder zu Hause – UNITED – ein monatlicher Jugendgottesdienst in einem ländlichen Kirchenkreis

Thomas Schüßler

1 Idee

Am Anfang stand eine Beobachtung: Jugendliche und Konfis sind in Gottesdiensten nur selten anzutreffen. Befragungen und Gespräche ergaben drei Hinderungsgründe: Die Lebenswelt der Jugendlichen, ihre spezifischen Fragen und ihr spezifisches Interesse an Beteiligung kommen in den klassischen Gottesdiensten kaum vor. Das liegt zum Teil in der festen Liturgie begründet, zum Teil auch in der fehlenden Zeit, Neues auszuprobieren, umzusetzen und zu evaluieren. Kollekte am Ausgang zu sammeln, eine Fürbitte zu formulieren oder das Evangelium zu lesen werden nicht als eigenständige Beteiligungsformen wahrgenommen, sondern als Hilfsdienste in einer bestehenden Struktur. Die kulturellen Barrieren sind hoch und verhindern einen Zugang zur verkündeten Botschaft. Dabei steht die gespielte Musik im Gottesdienst im Mittelpunkt. Sonntags 10 Uhr ist eine Uhrzeit, die sich mit dem Lebensrhythmus junger Menschen kaum vereinbaren lässt.

Der UNITED-Jugendgottesdienst in unserem Kirchenkreis versucht, auf die Herausforderungen einzugehen und eine Alternative anzubieten. Aufbauen können wir auf guten Erfahrungen mit Jugendgottesdienstformaten im Konfi-Camp. Diese Gottesdienste spiegeln die emotionalen Erfahrungen der Jugendlichen und Konfis aus dem Camp wider, sie sind eine Feier der entstandenen oder gefestigten Gemeinschaft und Experimentierfeld für spirituelle Formen. Gleichzeitig bieten die Gottesdienste im Konfi-Camp eine Bühne für Arbeitsergebnisse vielfältiger kreativer Workshops. Dazu gehören Theater, Tanz, Musik, Chor, Film, Bildhauerei, Poetry-Slam etc. Wir standen anfangs also vor der Aufgabe, einen Transfer von einem unter »Idealbedingungen« entstandenen Format in ein alltagstaugliches, monatlich wiederholbares, mobiles Format zu erreichen.

2 Situation vor Ort

»Wir«, das ist die kreiskirchlich organisierte Jugendarbeit des Evangelischen Kirchenkreises Oderland-Spree, die aufgrund geringer Zahlen an jungen evangelischen Christ*innen vor allem durch übergemeindliche Projekte versucht, attraktive Angebote für junge Menschen im Kirchenkreis zu schaffen. Unser Kirchenkreis erstreckt sich vom östlichen Berliner Stadtrand bis zur polnischen Grenze und ist geprägt durch einen »Speckgürtel« am Berliner Stadtrand, einige Klein- und Mittelstädte und viele kleine Dörfer. Das Gebiet des Kirchenkreises ist dünn besiedelt. Das kirchliche Leben ist gekennzeichnet durch Gemeinden, die bis zu 15 Dörfer und Predigtstätten umfassen. In diesen Gemeinden existieren Konfi- und Jugendgruppen mit teilweise sehr geringen Zahlen von Teilnehmenden.

Der vor neun Jahren entstandene Jugendgottesdienst UNITED nimmt die Idee ernst, dass jeder Gottesdienst ein religiöses und soziales Zusammenkommen von Menschen eines Sozialraums ist. War der Sozialraum früher die Lebens- und Arbeitsgemeinschaft eines Dorfs oder Stadtteils, so ist er heute stärker ausdifferenziert und in unserem Fall der größere Raum des Kirchenkreises, der für Jugendliche durch die gemeinsame Erfahrung des Konfi-Camps zum religiösen Sozialraum wird. Die dadurch entstehenden weiten Wege zu Veranstaltungsorten machen es notwendig, von Anfang an die Bedürfnisse von Eltern, die die Jugendlichen fahren müssen, mit in den Blick zu nehmen. Entstanden und seit neun Jahren erprobt ist ein Gottesdienst, der monatlich an einem Sonntag von 17 bis 19 Uhr an wechselnden Orten des Kirchenkreises stattfindet. Kennzeichnend ist eine offene liturgische Struktur, die viele Veranstaltungsformate unter einem Label stattfinden lassen kann. So haben wir auch schon Kinoabende, Fußballturniere und Spieleabende unter dem Label UNITED organisiert.

3 Das Besondere an UNITED

Zwei Elemente unterscheiden diesen Gottesdienst strukturell deutlich von vielen anderen:

»Kreativpart oder Gottesdienstevent«: Das Element bringt die Lebenswelt der Jugendlichen in den gottesdienstlichen Rahmen hinein. Es besteht für Jugendliche die Möglichkeit, ihre Talente vorzuführen und zu feiern. Dies können musikalische, künstlerische oder sportliche Beiträge sein, Zauberkunststücke oder selbst gedrehte Videos, Pantomime oder Poetry-Slam. Es kann aber auch die Einweihung eines neuen Raumes/Gebäudes/Fußballplatzes gefeiert, die Begrüßung der*des neuen Jugendmitarbeitenden oder die Gruppe zur internationalen Jugendbegegnung verabschiedet werden.

Eine Pause mit einem Verpflegungsangebot in der Mitte des Gottesdienstes: Die Pause dient dem sozialen Miteinander, dem Quatschen, Verabreden, Anmelden, sich Wiedersehen etc. und zwar ungestört von eventuell beginnenden Abbauarbeiten oder Eltern, die nach Ende der Veranstaltung »jetzt unbedingt schnell nach Hause wollen«. Das Verpflegungsangebot wird durch die gastgebende Gemeinde gestellt und kann von ihr individuell gestaltet werden. Die einzige Vorgabe ist bei uns, dass mindestens 70 Menschen im Gottesdienst und noch einmal zusätzlich ein Aufbauteam von zehn Personen beköstigt werden müssen. Zeitlich wird die Pause sichtbar durch einen mitlaufenden Countdown auf 25 Minuten begrenzt. Und natürlich lässt sich solch ein Countdown aus gegebenem Anlass auch mal anhalten oder zurücksetzen.

4 Die Liturgie

Folgende »Liturgie« hat sich im Laufe der Jahre als Standardablauf etabliert:

Countdown mit Bildern vergangener Events oder der gastgebenden Jugendgruppe
UNITED-Trailer (ein kurzer Werbefilm, der für jeden UNITED neu gedreht wird)
Begrüßung durch die Gottesdienstmoderation und die gastgebende Gemeinde
Votum und Gebet
Musikteil mit drei bis vier Liedern
Kreativteil oder Gottesdienstevent
Pause
Musik

SMS (Kurzpredigt: »short message sermon«)
Talk (Austausch über das Gehörte)
Einladungen und Berichte (Abkündigungen)
Musik
Gebet
Segen
Videos von vergangenen Veranstaltungen

Die Elemente rund um die Pause sind austausch- und verschiebbar. Wenn beispielsweise der Kreativteil in einem engen Zusammenhang zur Predigt steht, sollten sie nicht durch die Pause voneinander getrennt werden. Steht anderseits das Gottesdienstevent im Zusammenhang mit dem Gebets- und Segensteil (beispielsweise einer Teamer*in-Segnung, Verabschiedung, eines Neubeginns), kann es auch mit der SMS den Platz tauschen. Die Musik wird von einer Band gespielt, die sich aus den an diesem Sonntag verfügbaren Mitgliedern zusammensetzt. Die Musik des UNITED wird am Tag selbst erarbeitet und geprobt.

5 Vorbereitung

Der UNITED wird im Jahresverlauf von einem multiprofessionellen, generationenübergreifenden Vorbereitungsteam geleitet, das Zeitpunkte, Orte und Themen aussucht, Ideen entwickelt und die einzelnen Gottesdienste evaluiert. Für die Termine werden am Jahresanfang Ort und Zeit »gebucht« und erste Aufgaben in die Hände der gastgebenden Gemeinde und deren Konfi- oder Jugendgruppe gegeben. Ein bis drei Monate vor dem Termin werden Ansprechpersonen für Pausenverpflegung, Programmgestaltung und Menschen für das Gottesdienstevent gesucht und angesprochen. Werbemaßnahmen für einen konkreten UNITED beginnen mit den Abkündigungen im vorherigen UNITED und intensivieren sich eine Woche vor dem Event auf allen sozialen Kanälen durch das entsprechende Team. Folgende Aufgaben sind für einen UNITED zu bedenken und zu erledigen (optimal):

Gottesdienstteam: Es organisiert den Gottesdienst, also das Thema, den Bibeltext, den*die Prediger*in und ihre*seine SMS, die Themen und Organisation der Diskussionsgruppen, die Gebetsanliegen, die Gebetsgestaltung und den Segen. Es leitet den Gottesdienst, setzt Feedback-Mechanismen in Kraft und sorgt für die Werbung im Vorfeld.

Musikteam: Es plant und übt die Lieder, entscheidet über Stile und Genres, spielt die Erkennungsmelodie, ist für Technik, Musikanlage, Band und Sänger*innen bzw. Chor verantwortlich, lädt ggf. DJs oder weitere Musikgruppen etc. ein.

Kreativ- und Technikteam: Es plant und übt Sketche und Tanz-Performances, gesprochene Worte/»Floetry« (dichte Texte mit fließenden Reimen), Open Mic etc. Es verantwortet die Visualisierung (Kurzfilme, Powerpoint, Video etc.), das Logo-Design, druckt Plakate und sorgt für die Webseite/Blog-Seite.

Hospitality-Team: Es hilft ggf. bei der Umgestaltung der Räume, sorgt für Ruheplätze, ggf. ein Café, eine Willkommensecke, Getränke und Snacks während des Auf- und Abbaus, richtet den Veranstaltungsort mit ein, räumt ihn mit auf und begrüßt die ankommenden Gottesdienstbesucher*innen.

6 Material

Was immer dabei sein sollte: Bandequipment; Beamer; Laptop mit ProPresenter (das ist eine Präsentationssoftware für Liedtexte, Videos, Bilder und Textinformationen), Dekorationsmaterial wie Lichtschläuche, Lampen, Luftschlangen, Stoffe, Tücher, ein Gottesdienstkoffer mit Kreuz, Bibel, Teelichtern, Moderationskarten, Stiften, ein Erste-Hilfe-Set, eine Kamera, Nervennahrung und Getränke.

7 Aus der Erprobung

Seit neun Jahren gelingt es, einen monatlichen Jugendgottesdienst anzubieten, den im Schnitt 60 bis 80 Jugendliche, Konfis und Erwachsene besuchen. Die flexible Liturgie ermöglicht es, viele Ideen aufzunehmen und den UNITED an sich verändernde Anforderungen anzupassen. Spannend ist zu beobachten, in welchem Maße der UNITED als »richtiger« Gottesdienst in den Gemeinden akzeptiert wird. Gradmesser sind zum Beispiel, ob an einem Sonntag mit UNITED zusätzlich am Vormittag um 10 Uhr ein Gottesdienst angeboten wird oder ob eine Unterschrift für einen UNITED auf der Gottesdienstkarte von Konfis anerkannt wird. Grundsätzlich macht unsere Erfahrung mit einem unorthodoxen Gottesdienstformat Mut zu neuen Experimenten, Freude am Gottesdienstfeiern mit Jugendlichen und Konfis und auch Mut zu »Freiräumen«. Und wenn diese innerhalb des Gottesdienstes am Buffet verbracht werden können, spart man sich sogar noch das Abendbrot und kann gemütlich zum Tatort wieder auf der Couch Platz nehmen.

IV »Früher war mehr Lametta!« – Keine Festlichkeit ohne Deko

Dieter Niermann

Natürlich hängt der Geschmack des Essens von Zutaten und Zubereitung ab und doch: Tischdecke, Kerzen und liebevolle Deko machen aus Nahrungsaufnahme erst ein festliches Essen!

Schön angerichtete Speisen – und »das Auge isst mit«. Passende Musik im Hintergrund erreicht auf verschlungenen, kaum bewussten Pfaden die Seele und lässt auch diese genießen. Die Fülle liebevoller Details, die »Deko gewordene« Lust am schönen Rahmen, das scheinbar Nebensächliche, dem große Aufmerksamkeit zuteilwurde – all das verdient den Oscar für die beste Nebenrolle jeder Festlichkeit!

Die Weihnachtsbäume verschiedener Familien bilden ab, wo diese leben, was Priorität hat bei der Gestaltung, welche Kompromisse einzugehen waren, welche Traditionen und Geschichten aufgenommen wurden und auch, was an Mitteln zur Verfügung stand. Jede Festgestaltung, jede Deko, jedes Mittel zum Genuss gibt Auskunft über die Einladenden. Aus der Fülle der Optionen wurde eben gerade *dies* ausgewählt und fand Verwendung – als beredtes Zeugnis und Brücke zu willkommenen Gästen.

Und im Kern ist es wie bei allen Geschenken: *Es kommt nicht auf die Gaben der Liebenden, sondern auf die Liebe der Gebenden an!* Will sagen: Nicht alle Details und Deko-Elemente müssen mir gefallen. Herz und Augen schätzen wert, dass jemand »Fest« gestalten wollte und Zeit, Liebe und Ideen darauf verwendet hat.

1 KONFItüre

Janika Frunder und Alisa Mühlfried

1 Die Idee

Während der Coronapandemie ist in vielen Gemeinden die Konfirmation verschoben worden. Eine Idee, den Konfirmand*innen an diesem Tag einen persönlichen Gruß zukommen zu lassen, war die KONFItüre: selbst gekochte Marmelade für Konfirmand*innen. KONFItüre ist nicht auf Zeiten der Coronapandemie beschränkt. Es gibt vielfältige Möglichkeiten der Nachahmung und Anwendung. Das Überreichen der Gläser an der Haustür ist eine Chance zum persönlichen Kontakt zu unterschiedlichen Anlässen. Als Mitbringsel, als Einladung, als »Türöffner«. Außerdem kann KONFItüre zu einem kreativen Projekt der Konfirmand*innengruppe werden.

2 Material

- Eine Küche und ausreichend Obstmesser sowie Schneidebretter;
- Töpfe, Marmeladentrichter, Marmeladengläser, Marmeladenrezept;
- (gerettetes) Obst, Gelierzucker, evtl. Gewürze;
- Bastelmaterial, Geschenkband, Dekorationsmaterial.

3 Produktion

Bei der KONFItüre-Produktion können verschiedene Aufgaben an Konfirmand*innen und Teamer*innen verteilt werden (oder notfalls im Alleingang von der Leitung übernommen werden):

- Obst-Rettung
  Zur Marmeladenherstellung benötigt man Obst, das selbstverständlich im Supermarkt oder auf dem Wochenmarkt eingekauft werden kann. Etwas interessanter ist ein Ausflug zum Erdbeerfeld

oder zur Fallobstwiese. Ein Ansatz, der sowohl in der Stadt als auch in ländlichen Gebieten zur Beschäftigung mit Nachhaltigkeit anregen kann: Das Obst retten. Dafür können Konfirmand*innen in Läden, auf Obsthöfen oder auf dem Markt nach Obst fragen, welches wegen Druckstellen oder anderer Schönheitsfehler unverkäuflich ist und deshalb entsorgt werden soll. Manche Besitzer*innen von Obstwiesen freuen sich eventuell über Konfirmand*innen, die die Ernte übernehmen und als Dank ein Glas KONFItüre vorbeibringen! Auf diese Weise kann massenweise (!) Obst vor der Vernichtung gerettet und zu Marmelade verarbeitet werden.

- Marmelade kochen
Die Gruppe der Köch*innen sollte der Größe der Küche angemessen sein, damit sich niemand auf den Füßen steht. Die einen schneiden Obst, die anderen wiegen Zutaten ab. Sicherlich fallen den Konfirmand*innen kreative Obstkombinationen ein, z. B. Apfel-Stachelbeer-Kiwi oder Brombeer-Limetten-Gelee.

- Dekoration
Die gefüllten Marmeladengläser werden mit Etiketten versehen, auf denen z. B. ein origineller Produktname sowie die Namen der Produzent*innen zu lesen sind. Mit einem Gruppenbild, persönlicher Grußkarte oder Aufklebern und Bändern können die Gläser dekoriert werden. Auch denkbar ist, dass die Jugendlichen ihre Konfirmationssprüche kreativ als Kärtchen oder Etiketten gestalten. Unschöne Beschriftungen auf den Deckeln von ausgewaschenen Gläsern können entweder mit bunten Stoffen, Servietten oder mit Dekoration aus Pappe überdeckt werden. Nicht nur die inneren Marmeladenwerte zählen – ein liebevoll dekoriertes Glas macht was her!

4 KONFItüre – die Anwendung

Die Marmeladenproduktion ist eine Gruppenaktivität, bei der vielfältige Talente der Konfirmand*innen und des Teams zum Einsatz kommen. Die Verteilung der Gläser will bedacht sein – am besten im direkten Kontakt, z. B. an der Haustür. Allerdings bedeuten die Hausbesuche einen immensen Zeit- und Kraftaufwand. Es ist zu überlegen, ob es sinnvoll ist, die Besuche auf mehrere Haupt- oder Ehrenamtliche zu verteilen. Vermutlich ist der Output durch die direkten Kontakte den Aufwand wert!

KONFItüre als Einladung ...
Der Sinn und Zweck von Konfi-Zeit und Konfirmation ist vielen Jugendlichen und ihren Familien nicht mehr bekannt und der schlechte Ruf vom »Konfirmand*innenunterricht« tut sein Übriges. Von den getauften, als Kirchenmitglieder registrierten Jugendlichen kommt vielerorts nur ein Bruchteil zu den Konfi-Angeboten, auch wenn es Werbung durch Flyer, Zeitungsartikel oder Social Media gab. Es fehlt das persönliche Gegenüber! Beim Überreichen der KONFItüre im direkten Gespräch können Fragen geklärt, Bedenken geäußert, Vorurteile ausgeräumt und Lust auf eine spannende und vielfältige Konfi-Zeit gemacht werden. Das ist eine gelungene Einladung zur Konfi-Zeit!

Die Hausbesuche sind je nach Gemeindegröße äußerst zeitintensiv, wenn sie nicht von einem Team übernommen werden. Der Aufwand und die direkten Kontakte lohnen sich in jedem Fall: Es ergeben sich Rückmeldungen zu kirchlichen Aktionen von Menschen, die nicht regelmäßig zu Gemeindeveranstaltungen kommen, direkte Weitergabe von Informationen mit Möglichkeiten für Rückfragen, kritische Nachfragen und ein Kennenlernen der Konfirmand*innen schon vor dem offiziellen Beginn der Konfi-Zeit in der Gruppe. Vielleicht trifft man Tauffamilien wieder oder lernt vorab die Eltern der zukünftigen Konfis kennen. Selbst wenn die Jugendlichen kein Interesse an der Konfi-Zeit zeigen, sind diese Besuche mit der KONFItüre im Gepäck nicht umsonst, sondern fördern den Kontakt zur Kirchengemeinde.

KONFItüre als Vorbereitung auf die Konfirmation
Ein Glas KONFItüre ist ein ansprechendes Geschenk für Konfirmand*innen kurz vor ihrer Konfirmation – in dem Fall verschenkt man nicht Marmelade, die von den Jugendlichen selbst, sondern von der Leitung, dem Team oder einer anderen Konfi-Gruppe gekocht wurde. KONFItüre ist eine leckere Ergänzung für das Familienfrühstück am Konfirmationstag vor dem Gottesdienst.

Das Überreichen der Marmelade erfolgt ebenfalls persönlich an der Haustür. Bei den Besuchsterminen können die Formalia der Konfirmation, Gottesdienstabläufe, mögliche Beteiligungen usw. besprochen werden. Auch die Auswahl des Konfirmationsspruches kann im Familienrahmen besprochen oder Fragen zur Konfirmation beantwortet werden. Hier ist zu beachten, dass sich einige Konfirmand*innen im Gespräch mit ihren Eltern unwohl fühlen, wenn diese dazu neigen, sie zu übergehen, sie bloßzustellen oder einfach »peinlich« sind. Andere Konfirmand*innen blühen in diesem vertrauten Kontext auf und sprechen offener als in der Großgruppe. Besonders schön ist es, wenn durch Impulse ein intensives Gespräch zwischen Eltern und Jugendlichen entsteht, bei dem beide voneinander profitieren.

KONFItüre als Konfirmationserinnerung
Nach der Konfirmation tauchen viele Jugendliche unter und haben bis zu ihrer Trauung, Taufe ihrer Kinder oder zum Kirchenaustritt keinen Kontakt mehr zur Kirchengemeinde. Besonders wenn es keine ansprechende Jugendarbeit oder entsprechende Angebote für junge Erwachsene gibt, ist die Konfirmation der letzte Berührungspunkt. Ein Glas KONFItüre, von der aktuellen Konfirmand*innengruppe gekocht, kann als Einladung zu einer Konfirmationserinnerung dienen. Die Übergabe ist wieder mit einem Gespräch an der Haustür verbunden, der ein Jahr nach der Konfirmation, zum 18. Geburtstag oder zu einem anderen Zeitpunkt erfolgen kann. Die ehemaligen Konfirmand*innen haben sich weiterentwickelt, vielleicht Berufswege eingeschlagen. Sie können Feedback zu ihrer eigenen Konfi-Zeit geben und haben möglicherweise Lust, an einer Konfirmationserinnerung teilzunehmen, die nicht erst 50 Jahre später stattfindet: ein freundlich gestaltetes Zusammenkommen, Erinnerungsfotos, Fingerfood, Musik, eine lockere Andacht. Mit einem kreativen Team als wiederkehrende Aktion gestaltet wird es den Ansprüchen junger Erwachsener, die keinen Wert auf wöchentliche Treffen legen, gerecht. Auch bei diesen »Nachbesuchen« kann es zu Gesprächen kommen, zum Treffen jüngerer Geschwister, die sehr wohl Lust auf Gemeindearbeit haben, aber auch ein einfaches »Danke« ist durchaus zu erwarten.

Weitere Ideen

Die KONFItüre als »Türöffner« ist in vielen Situationen denkbar. Ein Glas mit dem Konfirmationsspruch eine*r Konfirmand*in dekoriert kann ein tröstendes Geschenk aus der Gemeinde bei Seelsorge- oder Beerdigungsgesprächen sein. Als Präsent für Zugezogene, die in der Gemeinde Anschluss finden können. Sowohl als Preis bei der Gemeindetombola als auch für ein Projekt-Fundraising eignen sich die KONFItüre-Gläser.

2 Auf einen Song mit Gott und der Welt

Vanessa Poepping

1 Idee

Musik verbindet Menschen miteinander. Dabei ist es egal, wie wir Menschen sind. Ob jung oder alt, extrovertiert oder introvertiert. Musik hilft Menschen dabei, sich auszudrücken, wenn bloße Worte es nicht (mehr) können. In meiner Jugend habe ich Musik auf besondere Art und Weise wahrgenommen. Jeder Songtext wurde analysiert, gefühlt und innerlich durchlebt. In der ersten Phase von Liebeskummer brach jede Zeile eines Liebesliedes mein Herz erneut. Häufig hatte ich das Gefühl, dass zwischen den lauten und leisen Tönen etwas steckt, das mir neue Kraft schenkt und mich fesselt. Ich muss gestehen, dass ich solche Gefühle nicht bei jedem Lied aus dem Gesangbuch bekomme und ich durch das Lied »Ein feste Burg ist unser Gott« an meiner Konfirmation keine Gefühlsexplosion in mir verspürte. Anders ist und war es häufig mit den Liedern, die ich im Radio höre oder die sich in meiner Playlist befinden. Manche Lieder können meine eigene Sehnsucht nach Antworten auf die Fragen nach Liebe, Leben und dem tieferen Sinn wecken. Zwischen den Zeilen erklingt auch ein Stück Hoffnung. Mitunter auch die Bestätigung: »Hey, du bist nicht allein mit deinen Gefühlen. Ich kenne das. Ich habe das auch schon einmal durchlebt.« Musik dient häufig als eine Art Stimmungsregulierung. Stellenweise läuft sie im Hintergrund.

Warum sollen die Songs, die uns tagtäglich begleiten, nicht einmal in einem Gottesdienst erklingen und gefeiert werden? In den Konfirmand*innenkursen habe ich große Leidenschaft für Musik unterschiedlichster Art und Form gespürt. Die Konfis setzen sich mit der Musik auseinander und spüren, dass diese emotional etwas mit ihnen macht. Musik kann auch ein Gemeinschaftsgefühl erwecken und Zugehörigkeit schenken. In Gottesdiensten haben wir häufig die

»Gassenhauer« wie »Danke«, »Laudato si« oder »Kumbaya, my Lord« geschmettert. Wir haben auch Lieder wie »Geh aus mein Herz«, »Von guten Mächten wunderbar geborgen« u. a. m. miteinander gesungen. Einige lernen diese Lieder lieben und schätzen, dennoch habe ich oft gespürt, dass die Sehnsucht nach Musik von »heute« größer wurde. Aus diesem Grund habe ich mir eine Gottesdienstform überlegt, die die Musik von heute mit den Texten von damals verknüpfen kann. Besonders die Sprache der Psalmen eignet sich für die Verbindung mit Themen heutiger Songtexte. Die Idee soll den Jugendlichen zeigen, dass unser Leben voller Gefühle ist, die Menschen seit ewigen Zeiten versuchen, in verschiedenen Formen auszudrücken und die im Gottesdienst gefeiert werden können. Die Jugendlichen sollen den Gottesdienst als Ort wahrnehmen, der sich auch mit ihrem Leben und ihrem Alltag beschäftigt. So können bedeutsame und sensible Themen wie Mobbing, Schönheitswahn und Selbstliebe in der Sprache der Jugendlichen angesprochen werden.

2 Konkretion

Das Lied von Sarah Lombardi »Einzigartig schön« behandelt Themen wie Schönheitswahn, Komplexe, Mobbing, Selbstzweifel. All diese Themen sind häufig Realität im Alltag der Jugendlichen. Der Gottesdienst ermöglicht die Feier der Toleranz und Akzeptanz durch Gott. In diesem Song haben die Jugendlichen den Inhalt theologisch mit den Bibelversen: »Ein Mensch sieht was vor Augen ist; der HERR aber sieht das Herz an.« aus dem 1. Buch Samuel 16,7 und dem Psalmwort 139,4 »Ich danke dir dafür, dass ich wunderbar gemacht bin« verbunden. Dabei gibt es kreative Möglichkeiten, den Gottesdienst zu füllen. Der Gottesdienst kann so thematisch erarbeitet werden und das Lied in den Fokus rücken. Der Song kann gehört und/oder gemeinsam gesungen werden.

3 Durchführung

Die Idee kam zu Beginn der Konfirmand*innenzeit innerhalb meiner Samstagsgruppe. Start des Kurses war August und im September sind wir gemeinsam für drei Tage weggefahren. Somit habe ich mir als Vorbereitung für einen gemeinsam geplanten Gottesdienst die Kursfahrt ausgewählt. Diese Fahrt hat zu einer entspannten und lockeren Atmosphäre beigetragen. Es ist wichtig, dass bereits eine Vertrauensbasis aufgebaut worden ist, damit die Jugendlichen auch die Möglichkeit haben, im geschützten Raum Gefühle zu äußern. Dabei ist es wesentlich, dass die Lieder sorgfältig ausgewählt werden. Es ist hilfreich, sich mit den aktuellen Charts und Vorlieben der Jugendlichen zu beschäftigen. Ebenso können Lieder ausgewählt werden, die offensichtlich einen Bezug zum Thema »Glauben« aufzeigen. Ganz wichtig ist funktionierendes WLAN oder Bluetooth®, damit die möglichen Lieder z.B. über eine Bluetoothbox abgespielt werden können. Ebenso helfen Zettel mit Songtexten sowie Arbeitsblätter mit Fragestellungen. Anhand dieser Fragen kann der Inhalt des Gottesdienstes erarbeitet werden. Damit die Jugendlichen die Möglichkeit haben, ihre Songs in einen biblischen Kontext zu bringen, sollten sie eine vorgefertigte Sammlung von Bibelversen erhalten. Dabei eignen sich die gängigen Tauf- und Konfirmationssprüche. Dass die Unterrichtenden eine hohe Toleranz für verschiedene Musikgeschmäcker haben und keine Wertung vornehmen ist Voraussetzung. Die gemeinsame Vorbereitung für einen Gottesdienst kann durch Teamer*innen unterstützt werden. Die Teamer*innen sind meist dichter an den Interessen und Musikvorlieben der Jugendlichen dran.

4 Material

Besonders geeignet für diese Aufgabe sind folgende Lieder:

Adel Tawil – Gott steh mir bei / Ist da jemand
Alice Merton – No Roots
Andreas Gabalier – Amoi seg' ma uns wieder
Apache 207 – Fame
Avicii – Wake Me Up
Bushido – Dieser eine Wunsch
Capital Bra & Loredana – Nicht verdient
Cro – Einmal um die Welt
Die Ärzte – Deine Schuld / Schrei nach Liebe

EFF feat. Mark Forster – Stimme
Katy Perry – Rise
Max Giesinger – Legenden
Mark Forster – Chöre / Übermorgen
Marteria, Yasha, Miss Platnum – Lila Wolken
Mine – 90 Grad
MoTrip – So wie du bist
LEA – Okay / Kennst du das
Samy Deluxe – Weck mich auf
Sarah Connor – Vincent / Wie schön du bist
Sarah Lombardi – Einzigartig schön
Sido – Leben vor dem Tod
Sido feat. Mark Forster – Einer dieser Steine
Silbermond – Himmel auf
Tim Bendzko – Ohne zurück zu sehen
Klassisch: Eric Clapton – Tears In Heaven; Somewhere over the Rainbow

5 Fazit

Ich denke, dass diese Gottesdienstform eine Möglichkeit bietet, die Konfirmand*innen in ihrem Alltag und ihrer Gefühlswelt abzuholen. Sie können das Gefühl haben, mit ihren Gefühlen und ihrem persönlichen Empfinden ernst- und wahrgenommen zu werden. Häufig wird Jugendlichen kollektiv etwas unterstellt und es fallen Sätze wie: »Die Musik von heute geht gar nicht.« Mit dieser Idee möchte ich zeigen, dass Musik eine besondere Ausdrucksform ist, die unterschiedliche Menschen auf einzigartige Art und Weise berühren kann.

Genauso finde ich die Möglichkeit charmant, den Jugendlichen Lieder zu zeigen, die sie so vielleicht nicht wahrnehmen würden, weil sie nicht mehr in den Charts sind. Durch die Transferaufgabe, einen Bibelvers zu diesem Lied auszusuchen, möchte ich den Jugendlichen eine Brücke bauen, in alltäglichen Formen einen Raum für biblische Worte zu finden. Die häufig von Jugendlichen abstrakt empfundene Sprache der Bibel erfährt so einen anderen Wirkungsbereich und Kontext. Einigen Jugendlichen hat es geholfen, auf diese Art einen passenden Konfirmationsspruch zu finden, mit dem sie etwas Einzigartiges und Individuelles verbinden.

Wir müssen uns immer bewusst sein, dass Musik unsere Gefühlswelt auf besondere Art und Weise beeinflusst. Es kann somit passieren, dass es Lieder gibt, die starke Gefühle bei Jugendlichen hervorrufen können, zum Beispiel Musik, die bei Beerdigungen von nahestehenden Menschen gespielt worden ist oder sensible Themen wie Mobbing, Selbstliebe oder Gewalt ansprechen. Deswegen ist es wichtig, die besondere Stimmung in dieser Form wahrzunehmen und aufmerksam zu bleiben. Die Feier der bunten Facetten unseres Lebens bietet so die Chance, dass diese gehört und wahrgenommen werden.

3 Sekundenglück – Vorstellungsgottesdienste mit Rock- und Popmusik

Jens Mruczek

1 Einführung

Konfis hören Musik. Ihr Musikgeschmack ist verschieden, doch alle vereint, dass sie Musik mögen und konsumieren. Dabei ist die Musik, die sie in ihrer Freizeit hören, eine andere als die, die im Gottesdienst gespielt und gesungen wird. Musikalisch gesehen sind Gottesdienste für Jugendliche also Fremdheitserfahrungen. Die Verwendung von Rock- und Popmusik im Gottesdienst birgt die Chance, dass sich Jugendliche damit identifizieren und die Möglichkeit einer intensiven Auseinandersetzung mit den Inhalten gegeben ist. Gesteigert wird der Effekt noch, wenn mit Musikvideos gearbeitet wird. Die Wortlastigkeit weicht und der Gottesdienst gewinnt durch das Miteinander von bewegten Bildern und Musik. Oft gibt es in evangelischen Gottesdiensten wenig zu sehen. Gelegentlich werden Bilder verwendet, Videos aber selten. In Gottesdiensten mit Konfis (z. B. bei Begrüßungs- und Vorstellungsgottesdiensten oder der Konfirmation) verwende ich Musikvideos mit Songs, die die Konfirmand*innen kennen. Oft bieten die Videos dazu weitere Gesprächsimpulse.

Das Lied »Sekundenglück« von Herbert Grönemeyer ist 2018 erschienen. Der Text beschreibt Momente des Glücks: Alles erscheint leicht. Es sind Augenblicke, in denen das Herz »überschwappt«. Die Momente sind kurz: »tausendstel Momente«, die Gefühle sind dabei überwältigend (»Fühlst dich vom Sentiment überschwemmt«). Für das Video hat Grönemeyer Fans aufgerufen, ihm Bilder oder Videos zu schicken, in denen sie glücklich waren. Vielen Videos ist anzusehen, dass sie mit einer Amateur- bzw. Handykamera aufgenommen wurden. Das unterstreicht die Echtheit der Momente. Im Video wechseln sich Natur- und Menschenaufnahmen ab. Text und Video bieten Anknüpfungspunkte für Gespräche mit Konfirmand*innen. Zum einen führt die Betrachtung von Glücksmomenten zu der Frage, welches eigene Glücksmomente sind. Welches sind Tausendstel-Momente der Jugendlichen? Gleichzeitig stellt sich die Frage nach der Vergänglichkeit des Glücks, denn gerade durch die kurzen Videosequenzen wird die Endlichkeit des Glücks deutlich. Und: Lässt sich Glück mit dem Glauben verbinden? Wie und wodurch kann Konfirmation zum Glücksmoment werden?

2 Vor Ort

Zwei Wochen bevor acht Jugendliche im Frühjahr 2019 konfirmiert werden, steht der Vorstellungsgottesdienst an. Er wird während eines Konfi-Wochenendes vorbereitet, bei dem die Jugendlichen im Gemeindezentrum übernachten, um dann den Gottesdienst zu feiern. Gewöhnlich treffen wir uns einmal die Woche für eine Stunde gemeinsam mit dem jüngeren Jahrgang, sodass insgesamt 15 Jugendliche zusammen sind. Voraus geht ein Elternabend (auch mit den Konfis), bei dem allen das Video gezeigt wird. Sowohl die Eltern als auch die Jugendlichen beschreiben, was für sie Glück bedeutet, was sie glücklich macht. Schließlich folgt die Aufgabe, Bilder oder Videos von eigenen Glücksmomenten zur Übernachtung in zwei Wochen mitzubringen.

3 Vorbereitung

Die Arbeit selbst findet an dem gemeinsamen Übernachtungswochenende statt. Die Zwischenzeit ist notwendig, damit die Konfis selbst Beispiele für ihr Sekundenglück suchen, Fotos oder Videos, die sie mitbringen sollen.

4 Konkretes

Material: Als erstes braucht es das Video zum Song selbst und die entsprechende Technik, es vorführen zu können. Beim Video ist der rechtliche Hinweis wichtig. Es ist urheberrechtlich gestattet, das Video von Youtube live zu streamen, nicht jedoch, es vorher herunterzuladen und diese Version zu zeigen. Darum muss es ausreichenden Internetempfang (am besten LAN) geben. Ferner ist darauf zu achten, dass es sich entweder um einen Tageslichtbeamer handelt oder der Raum entsprechend verdunkelt werden kann. Auch der Ton sollte so ausgesteuert sein, dass der Text gut zu verstehen ist. Da es darum geht, ein eigenes Video zu produzieren, muss die nötige Technik vorhanden sein, d. h. Videokamera, Fotoapparate, Handykameras, Scanner und die Software für das Erstellen des Videos. Hier gibt es eine Vielzahl von Free- bzw. Bezahlware. Also ist rechtzeitig zu prüfen, mit welcher Technik die Durchführenden am besten arbeiten können. Für Gespräche empfiehlt es sich, den Songtext zu kopieren.

Personen: Das Vorhaben erfordert keinen großen Personaleinsatz. Je nach den örtlichen Gegebenheiten kann der Aufbau schwierig sein (Beamer, Leinwand, Lautsprecher), hier tut Hilfe gut. Neben mir sind zwei Teamer*innen beteiligt. Jugendliche sind uns Erwachsenen im Umgang mit digitalen Medien (Video-Software etc.) häufig voraus. Wichtig ist eine gute Koordination der Arbeitsschritte, weil nicht alle Konfis gleichzeitig am Video arbeiten können.

5 Plan

Schritt 1 – Elternversammlung (60 Minuten): Hier wird das Video zum ersten Mal gezeigt und mit Eltern und Konfis über Glücksmomente gesprochen. Als Aufgabe bekommen die Konfis dann, Bilder oder Videos von eigenen Glücksmomenten zur Konfi-Übernachtung mitzubringen.

Schritt 2 – Video- und Textanalyse (90 Minuten): Zu Beginn des Wochenendes wird das Video noch einmal gezeigt und genauer analysiert, ebenso der Text (Kopien).

Schritt 3 – Auswertung der mitgebrachten Materialien (30 Minuten): Hier werden in einer Art Gallery Walk die mitgebrachten Bilder betrachtet und ausgewertet: Wann seid ihr glücklich? Der Frage wird im folgenden Schritt noch weiter nachgegangen.

Schritt 4 – Arbeitsphase – Erstellung von Bildern oder Videos (die Schritte 4 bis 6 dauern insgesamt bis zu vier Stunden): In einem weiteren Schritt gestalten die Konfirmand*innen Bilder und Video-Sequenzen, die für sie Glück ausdrücken. In dem zu erstellenden Gesamt-Video sollen alle mitgebrachten Bilder und Video-Sequenzen, auch solche, die erst auf dem Wochenende entstehen, miteinander kombiniert werden. Für die Vorgehensweise sprechen mehrere Gründe: Nicht alle Konfis können oder wollen Bilder aus ihrem privaten Umfeld mitbringen. Ihnen wird mit der Erstellung der Bilder und Videos während des Wochenendes die Möglichkeit gegeben, sich dennoch einzubringen. Nicht alle Konfis dürfen oder wollen Bilder von sich im Gottesdienst zeigen. Diese erhalten die Möglichkeit, Momente des Glücks anderweitig kreativ (Zeichnungen, Gemälde, Fotografien, lebende Skulpturen etc.) zu gestalten. Glücksmomente gibt es (hoffentlich) auch während der Konfi-Zeit und mit den anderen Konfis. (Sollte es bereits ein digitales Fotoarchiv der gesamten Konfi-Zeit geben, kann auch dieses nach Glücksmomenten durchstöbert werden.) Die Konfis arbeiten in kleinen Gruppen, gestalten die Aufnahmen, drehen Videos oder gestalten Bilder bzw. Installationen. Zeitlich brauchen sie unterschiedlich lang. Konkret dauerte die Phase zwischen 30 Minuten und drei Stunden. Für den Schritt 5 ist dies von Vorteil, da nicht alle Konfis gleichzeitig am Rechner ihre Aufnahmen bearbeiten können.

Schritt 5 – Gestaltung des Gesamt-Videos: Schließlich laden die Konfis ihre Bilder auf einen Rechner hoch und gestalten das Gesamt-Video. Erforderlich ist eine entsprechende Software, die es sowohl als Freeware im Download gibt als auch gekauft werden kann. Sinnvoll ist es, in der Auswertung zuerst alle Bilder und Videos anzuschauen, um erst im Anschluss daran eine gemeinsame Reihenfolge festzulegen. Zum Schluss ist darauf zu achten, dass das Video in seiner Länge der des Songs entspricht. (Doch gibt es in Musikvideos auch häufig einen Vorspann und/oder einen Nachspann ohne Musik.)

Schritt 6 – Vorbereitung des Gottesdienstes: Diejenigen Konfis, die mit ihrem Part für das Video fertig sind, gehen an die Gestaltung des Gottesdienstes. Hierfür gibt es noch verschiedene Aufgaben: a) Den

Psalm in »ihre Sprache zu übersetzen«, b) ein Texttheater zum Evangelium zu erstellen, c) Fürbitten zu formulieren etc. Da die Erstellung des Texttheaters länger dauert als die anderen Aufgaben, beginnen damit diejenigen Konfis, die zuerst mit ihren Videosequenzen fertig sind. Nachdem alles fertig ist, wird die Gestaltung des Gottesdienstes geprobt und die Konfis können ihr Video erstmals im Ganzen sehen.

Schritt 7 – Gottesdienst: Im Gottesdienst am nächsten Tag wird das Video gezeigt, es ist gleichzeitig die Grundlage für die Predigt zum Thema »Was ist Glück?«.

6 Stolpersteine

An folgenden Stellen zeigten sich insbesondere zwei Schwierigkeiten, die stärker bedacht werden können: Der Rücklauf der aus dem privaten Bereich mitgebrachten Bilder und Videos war gering. Einige hatten es schlicht vergessen, anderen war die Relevanz nicht deutlich. Sie haben die Aufgabe eher am Rande erledigt. Hier wäre zu überlegen, die Bilder über mehrere Wochen zu sammeln, damit genügend und aussagekräftige Bilder vorhanden sind. Das Funktionieren der Technik und die digitale Arbeit sind bei dem beschriebenen Vorgehen besonders wichtig. Darum müssen sie im Vorfeld überprüft bzw. geübt werden – ggf. eine Herausforderung für digital affine Teamer*innen.

7 Pädagogisches Potenzial

Der vorgestellte Weg birgt eine Reihe von Chancen, denn die Konfirmand*innen sind motiviert, sich über Musik, die sie ggf. auch in ihrer Freizeit hören, mit einem Lebens- und Glaubensthema auseinanderzusetzen. Sie werden angeregt, sich mit anderer Musik als ihrer eigenen eingehender zu beschäftigen. Die Verwendung dieser Musik im Gottesdienst führt dazu, dass der Gottesdienst für sie attraktiver wird. Dadurch, dass sie »ihre« Bilder im Gottesdienst sehen, wird dieser für sie zu einem Erlebnis, das zur Beheimatung beiträgt. Zudem erwerben bzw. festigen die Konfis Kompetenzen: *Sie* können ausdrücken, was für sie Glück ist. *Sie* können reflektieren, welche Glückserfahrungen sie hatten, und in einen Diskurs mit anderen über deren Glückserfahrungen treten. *Sie* können sich im Gottesdienst der Gemeinde anhand eines konkreten Themas vorstellen, ihre Fähigkeiten im Umgang mit Technik erweitern und sich mit Lebensfragen anhand von Musiktexten und -videos auseinandersetzen.

8 Übertragungsmöglichkeiten

Je nach Organisation der Konfi-Zeit kann das Video auch nach und nach bei wöchentlichen Treffen entstehen. Der Vorteil an der kompakten Erarbeitung ist, dass die Konfis konzentriert an einem Thema arbeiten und sich nicht immer wieder neu hineindenken müssen. Auch der Aufwand beim Auf- und Abbau spricht für ein solches konzentrierteres Vorgehen. In diesem Artikel wurde das Vorgehen zu einem bestimmten Video dargestellt. In der folgenden Zusammenschau werden weitere Videos zu entsprechenden Themen vorgeschlagen, die sich für vergleichbare Einheiten und Gottesdienste bzw. für die Behandlung des Themas mit Konfis eignen (Interpret, Titel, Erscheinungsjahr). Dabei handelt es sich um eine Auswahl, die ständig aktualisiert werden muss. Durch die angegebene Jahreszahl wird deutlich, dass einige Stücke schon älter sind, dennoch sind sie thematisch geeignet. Bei der Auswahl der Lieder bzw. Videos empfiehlt es sich, nicht den eigenen Musikgeschmack zum Auswahlkriterium zu machen, sondern die Frage, ob dieses Stück bei diesem Thema für diese Konfis geeignet ist.

Gott/Religion: Adel Tawil, Ist da jemand?, 2017; Die Ärzte, Waldspaziergang mit Folgen, 2012; Herbert Grönemeyer, Ein Stück vom Himmel, 2007; Herbert Grönemeyer, Bist du da?, 2018; John Lennon, Imagine, 1971; Joan Osborne, One of Us, 1995; R.E.M., Losing My Religion, 1991; Stromae, House'llelujah, 2010; Die Toten Hosen, Die zehn Gebote, 1996.
Ewiges Leben/Sterben: Alphaville, Forever Young, 1984; Bushido feat. Karel Gott, Für immer jung, 2008; Basis, Wenn ich nur noch einen Tag zu leben hätte, 1998; Casper, Lang lebe der Tod, 2017; Eric Clapton, Tears in Heaven, 1992; Cro, Unendlichkeit, 2017;

Feine Sahne Fischfilet, Warten auf das Meer, 2015; Die Fantastischen Vier, Geboren, 2004; Herbert Grönemeyer, Der Weg, 2002; K.I.Z., Hurra die Welt geht unter, 2015; Schandmaul, Euch zum Geleit, 2014; Sido, Ich bin noch nicht bereit, 2015; Subway to Sally, Grabrede, 2011; Tocotronic, Die Unendlichkeit, 2018; Die Toten Hosen, Nur zu Besuch, 2005; Die Toten Hosen, Paradies, 1996.

Leben/Werte: Apache 207, Unterwegs, 2020; Die Ärzte, Deine Schuld, 2012; Basis, Ich will euer Leben nicht, 1999; Bushido, Alles wird gut, 2010; Bushido & Sido, Ein Märchen, 2012; Bushido feat. Sido, Kopf hoch, 2004; Capital Bra, Andere Welt, 2020; Sarah Connor, Vincent, 2019; Cro, Fall auf, 2020; Feine Sahne Fischfilet, Niemand wie ihr, 2018; Feine Sahne Fischfilet, Mit dir, 2012; Herbert Grönemeyer, Mensch, 2002; Herbert Grönemeyer, Sekundenglück, 2018; KitschKrieg, Unterwegs, 2020; Kraftklub, Mein Leben, 2012; Marteria, OMG!, 2014; OK KID, Ich kann alles, 2016; Erobique und Jacques Palminger, Wann strahlst du?, 2009; Prinz Pi, Werte, 2016; Prinz Pi, Kompass ohne Norden, 2013.

Gebet: Akine, Pray for the Prey, 2018; Justin Bieber, Pray, 2009; Kesha, Praying, 2017; Madonna, Like a Prayer, 1989.

4 Schreibt Geschichten! Andachten im Konfirmationskurs

Wolfgang Häfele

1 Jugendliche feiern keine Andachten

Zum Konfirmationskurs gehört eine Andacht. Das war immer so und ist in meiner Gemeinde nicht anders. Ich kenne inzwischen eine Reihe von Formaten. Ähnlichkeiten zwischen diesen Formaten sind dabei nicht von der Hand zu weisen, vor allem was den Ablauf betrifft: Auf eine Eröffnung – gerne mit dem Votum oder dem Entzünden von Kerzen – folgt ein Wechsel von »Impulsen« oder »Gedanken«, die sich oft auf einen biblischen Text beziehen, ein Gebet und Musik oder Gesang. Die Andacht mündet in den Segen. Die Kerzen werden gelöscht und dann beginnt (oder endet) die Stunde. Musikalisch begabte Kolleg*innen haben es immer ein bisschen einfacher und es ist gut, das Team in die Andacht einzubinden. Warum nicht auch die Konfis selbst? Spätestens hier beginnt die Herausforderung: Jugendliche feiern nämlich für gewöhnlich keine Andachten und keine Gottesdienste. Darin ähneln sie den Erwachsenen, die den Sonntagmorgen lieber anders nutzen (96,8 % der Kirchenmitglieder gehen sonntags nicht in die Kirche) – doch das ist ein anderes Thema. Jugendliche staunen. Sie setzen sich mit den großen Fragen des Lebens auseinander und sind in jedem Fall auf Identitätssuche. Aber sie feiern keine Andachten. Nur in der Kirche. Es lohnt sich deshalb zu fragen, warum wir im Konfirmationskurs überhaupt Andachten feiern.

2 Was ist das Ziel?

Neben dem Traditionsargument scheinen pädagogische Erwägungen eine Rolle zu spielen. Andachten ähneln in der Struktur Gottesdiensten. Es wird gesungen, gebetet und einem biblischen Text nachgegangen. Damit eignen sich Andachten, »den Heranwachsenden die Gottesdienste so zu erschließen, dass sie sich durch sie angesprochen fühlen« (EKBO, Orientierungshilfe). Zudem lernen die Jugendlichen wichtige Stücke wie das Vaterunser, das Glaubensbekenntnis oder Psalm 23, wenn sie zu Beginn oder am Ende der Andacht oft genug gemeinsam gesprochen werden. Im Konfirmationskurs stehen Andachten häufig am Anfang oder am Ende. Andachten können den Kurstag auch rahmen: Es gibt einen gemeinsamen Einstieg (z. B. Begrüßung, Lied und »Impuls«) und Abschluss (z. B. Lied, Vaterunser, Segen). Sie sind Startschuss, Ziellinie oder beides zugleich. Andachten sind Rituale. Oft bezieht sich die Andacht auf das Thema, das im Konfirmationskurs behandelt wurde, und vertieft es. Zudem soll es der Konfirmationskurs den Jugendlichen ermöglichen, »eine eigene ihnen gemäße Spiritualität zu entwickeln« (EKBO, Orientierungshilfe). Auch das kann ein Grund sein, Andachten zu feiern.

3 Evolution statt Revolution – Andachten in der Friedensgemeinde

Wir arbeiten in unserer Gemeinde mit Gruppen von bis zu 45 Konfirmand*innen plus Team. Wenn sich mehr Jugendliche anmelden, teilen wir die Gruppe. Zu Beginn und zum Abschluss jedes Kurstages kommen wir im Plenum zusammen. In der Zwischenzeit arbeiten Konfis und Team in Kleingruppen, die einen geschützten Raum darstellen. Was die Andachten betrifft, haben wir schon einiges durch: Wir haben Andachten mit gut 100 Jugendlichen in der Kirche gefeiert. Wir wollten einen Raum schaffen, in dem sich die Jugendlichen, die an zwei hintereinander stattfindenden Kursen teilnahmen, begegnen: Erst gab es Essen, dann eine Andacht in der Kirche. Frontal, dafür aber mit cooler Musik. Was meiner musikalisch ungleich begabteren Vorgängerin gelungen ist, hat sich für mich nicht bewährt. Es war nur laut. Seitdem beginnt der Kurs mit einer Andacht: Zunächst habe ich die Andacht vorbereitet. Das Team hat mitgemacht, ein Anspiel übernommen oder einen Text vorgelesen. Wir haben die Konfis in Kleingruppen diskutieren lassen und Ergebnisse im Plenum zusammengetragen. Mir persönlich ist es wichtig, dass sich die Konfis mit den Themen in den Kurs eintragen, die sie beschäftigen. Deshalb haben wir irgendwann im Team entschieden, dass sie die Andachten gestalten sollen, mit denen der Konfirmationskurs beginnt. Zum Abschluss sprechen wir Glaubensbekenntnis und Vaterunser, zwei Texte, die die Jugendlichen am Ende auswendig können sollen. Und dann gibt es noch den Segen. Die ersten Versuche orientierten sich an einer Vorlage aus dem Konfi-Liederbuch unseres Kirchenkreises. Die Konfis sollten sich ein Thema wählen oder einen Impuls vorbereiten, der dann in eine Murmelgruppen- oder Plenumsdiskussion mündete. Zudem sollten sie ein oder zwei Lieder aussuchen, die zum Thema passen. Das hat zwar funktioniert, aber der Funke sprang nicht über. Die Andachten wirkten oft wie kleine Referate. Zudem wurden die Andachten häufig vergessen oder Krankheit kam dazwischen. Alles Anzeichen dafür, dass wir das richtige Format noch nicht gefunden hatten.

4 Schreibt Geschichten!

Mir fiel eine Übung aus dem Impro-Theater ein: Auf dem Boden liegen Zettel, auf denen Sätze stehen. Die Spielenden halten eine Rede oder unterhalten sich. Dabei nehmen sie immer wieder Zettel auf. Nun müssen sie den Satz, der darauf steht, in ihre Rede einbauen. Im Impro-Theater ist es üblich, dass das Publikum Themen vorgibt (oder Rollen oder Genres), die dann zu einer Geschichte verwoben werden müssen. Doch gelangt man so auch zu einer Andacht? Auf einer Juleica-Fahrt unseres Kirchenkreises haben wir es einmal ausprobiert: Die Jugendlichen sollten Texte vorbereiten, in denen eine bestimmte Person, ein Wort, ein Gegenstand und ein Bibelvers vorkommen mussten. Zudem sollte der Text eine bestimmte Gattung haben. Die fünf Vorgaben wurden am Anfang der Fahrt ausgelost: Jeder Begriff stand auf einer farbigen Karte, die Personen auf grünen Karten, die Worte auf roten usw. Nun zog jede Gruppe aus jedem Stapel eine Karte. Die Aufgabe konnte z. B. lauten: Schreibe einen Text, in dem »ein kleines Mädchen« (Person), »himmlisch« (Wort), »Scheinwerfer« (Gegenstand) und der Bibelvers »Behüte mich wie einen Augapfel im Auge, beschirme mich unter dem Schatten deiner Flügel« (Psalm 17,8) vorkommen. Und das Ganze sollte dann ein Krimi sein. Es war schön zu sehen, wie engagiert die Jugendlichen bei der Sache waren. Beeindruckt hat mich, wie spannend die Bibelverse inszeniert wurden. Mal als Rat, als aufmunterndes Wort oder als Tag, der auf eine Mauer gesprüht wurde. Natürlich gab es in den Geschichten auch Pfarrer*innen, die mehr oder weniger motiviert Bibelsprüche von sich gegeben haben, oder ein Spruch fand sich gleich in einem Glückskeks. Oft genug deutete der Bibelvers die Geschichte. Er ließ sie in einem neuen Licht erscheinen. Das waren Sternstunden, Muster-Moves, die so auch in einer Predigt vorkommen könnten oder sollten. Die Jugendlichen waren großartig! Seitdem schreiben die Konfis Geschichten, die sie zu Beginn des Konfirmationskurses als Andacht vorlesen. Wir haben schnell eine hohe Mindestlänge festgelegt: Die Konfis sollen ca. 600 Worte schreiben, etwa eine Din-A4-Seite. Sie wird aber ohnehin immer unterschritten. Was im Team funktioniert, nämlich die Gattung des Textes vorzugeben, erwies sich für die Konfis als zu schwer. Seitdem sind es nur noch eine Person, ein Gegenstand, ein Wort und ein Bibelvers. Alle wissen, dass diese vier in dem Text vorkommen. Auch daraus lässt sich ein Wettbewerb machen: Wer findet sie? Die Konfis hören dann besser zu. Und die Konfis, die in der einen Woche dran waren, können die Begriffe für die nächste Woche vorgeben.

5 Ist das Andacht?

Was diese Form der Andacht für mich attraktiv macht: Sie fordert die Jugendlichen heraus, ohne sie zu überfordern. Jede*r hat schon einmal eine Geschichte geschrieben. Und: Es entstehen Geschichten, die etwas mit dem Leben der Jugendlichen zu tun haben. Geschichten, in denen das eigene Leben durch einen Bibelvers gedeutet wird; Geschichten, wie diese hier, die wir Karla Berger und Xara Eich verdanken:

> Heute werde ich euch eine Geschichte von einem kleinen Mädchen namens Lilly erzählen. Sie ist 10 Jahre alt und feiert unheimlich gerne Weihnachten. Sie liebt es, die Geschenke ein- und auszupacken, das leckere Essen und einfach die ganze Weihnachtsstimmung. Deshalb will sie auch unbedingt bei dem Krippenspiel in der Schule mit-

machen. Dort haben sie eine große Bühne mit toller Beleuchtung. Heute soll das erste Treffen für das Krippenspiel sein, und Lilly ist schon ganz aufgeregt. Sie bekommt die Rolle eines Engels und freut sich. Sie probt immer, wenn sie nichts anderes zu tun hat, denn sie hat viel zu reden. Und dann ist es soweit. Die Generalprobe steht vor der Tür. Lilly fühlt sich super, aber als sie dann das erste Mal so richtig auf der Bühne steht, wird ihr kotzübel. Sie spürt die Scheinwerfer, die ihr ins Gesicht scheinen, und die lauten Glocken, die am Anfang des Stückes in ihr Ohr dröhnen. Sie kann es nicht mehr aushalten, so eine Furcht ist plötzlich in ihr drinnen. Die ganze Probe lang stottert sie nur, sodass sie nicht richtig proben können. Später geht sie traurig nach Haus und ins Bett, wo sie betet, dass die Aufführung morgen besser laufen solle als die Generalprobe heute. Lilly schläft schnell ein und sie hat einen Traum, wo jemand zu ihr sagt: »Gott hat uns nicht gegeben den Geist der Furcht, sondern der Kraft, der Liebe und der Besonnenheit.« Es ist ein wunderschöner Traum, und am Morgen wacht sie mit der Zuversicht auf, dass das Stück klasse werden würde. Sie kommt in der Schule an, und ihr steht die Aufführung ganz kurz bevor. Als sie dann auf der Bühne steht, fühlt sie dieselbe Furcht wie am Tag davor. Sie spürt wieder das Leuchten der Scheinwerfer und hört die lauten Glocken. Doch dann muss sie an ihren Traum denken und den Spruch: »Gott hat uns nicht gegeben den Geist der Furcht, sondern der Kraft, der Liebe und der Besonnenheit.« Und dann hat sie keine Furcht mehr in sich. Das Stück wird klasse. Lilly vergisst nicht ein einziges Wort. Nach der Aufführung feiert sie mit ihrer Familie Weihnachten und es ist wunderschön. Denkt also an diesen Spruch, wenn ihr euch mal wieder fürchtet, denn euch werden eure Kraft, die Liebe und die Besonnenheit den Weg weisen.

Wenn dies die Erfahrung ist, die Jugendlichen aus der Andacht mitnehmen, dann habe ich ihnen mitgegeben, was ich ihnen mitgeben will.

5 Abendglanz der Ewigkeit – Konfis erleuchten den Friedhof mit 1.200 Kerzen

Christian Butt und Birgit Johannson

1 Idee

Konfirmand*innen kommen in der Regel wenig bis gar nicht direkt mit Sterben und Tod in Berührung. Die Eltern und Großeltern in der heute üblichen Kleinfamilie werden zumeist alt, sodass die Konfirmand*innen aus eigenem Erleben keine Erfahrung mit dem Tod eines*einer Angehörigen haben. Auch bei Aussegnungen oder Beerdigungen haben sie in der Regel nicht teilgenommen. Gleichwohl werden sie gesellschaftlich, noch dazu in Pandemiezeiten, in unterschiedlichster Art und Weise mit Sterben und Tod konfrontiert: Sei es durch Berichte von Unfalltoten, Kriegen und Gewalttaten, Krankheiten, Covid-19-Toten und natürlich durch die überreiche Fülle von Spielen, Filmen und Clips im Internet. Pausenlos ist dort der Tod präsent. Diese widersprüchliche Realität führt dazu, dass Konfirmand*innen wenig Informationen über den Tod besitzen, zudem kaum Gesprächspartner*innen finden, die ihre Neugierde oder auch Ängste und Sorgen zu diesem schwierigen Thema teilen. Aber zugleich bewegt sie das Thema und es gibt immer wieder Anlässe, darüber nachzudenken. Der Mangel an realem Umgang mit dem Thema führt dazu, dass auch ein spezifischer Ort den meisten Konfirmand*innen fremd ist, obwohl er manchmal im Dorf oder der Stadt zentral ist und nicht selten die Kirche umgibt: der Friedhof.

Diese Idee zum Ewigkeitssonntag will, ohne viel Aufwand und niedrigschwellig, Hemmungen abbauen, für den besonderen Ort sensibilisieren und dabei Zugang zu einem kirchlichen Feiertag eröffnen, der bei Jugendlichen kaum Aufmerksamkeit und Resonanz findet. Es geht darum, mit Lichtern am Ewigkeitssonntag den Friedhof zu be-/erleuchten, um den Tag besonders zu würdigen: 1.200 Lichter scheinen in der Finsternis!

2 Zur Situation vor Ort

Der am Rand der Innenstadt von Schleswig liegende Domfriedhof ist ca. 7 Hektar groß, unübersichtlich und verwinkelt. Auf ihm befindet sich eine kleine Friedhofskapelle. Die innerstädtische Randlage führt dazu, dass Jugendliche eher selten am Friedhof vorbeikommen und somit für sie kein alltäglicher Bezug vorhanden ist. Der Ort ist den meisten Konfis im Bewusstsein, aber keineswegs näher bekannt.

Der Konfirmand*innenunterricht findet wöchentlich in Gruppen statt, die Gemeinde hat 90 Konfirmand*innen. In Zeiten der Pandemie finden die Treffen unregelmäßig statt, die Verbindung zu den Konfis ist (noch) nicht eng, sie sind wenig miteinander vertraut, es fehlen gemeinsame Begegnungen und Erfahrungen. Eine gemeinsame Aktivität, noch dazu im Freien, bietet in dieser Situation eine willkommene Gelegenheit, miteinander in Kontakt zu kommen und etwas gemeinsam zu erleben. Natürlich besitzt die Aktion ebenfalls für die Konfirmand*innen Attraktivität: Sie findet am Sonntag statt – noch dazu in Pandemiezeiten –, die Jugendlichen können sich mit Freund*innen treffen, an einem Ort, der ihnen fremd ist und doch seinen eigenen Reiz besitzt, und zudem erhalten sie eine Aufgabe und werden damit ernst genommen. Das sind viele Faktoren, die zusammenkommen, damit das Projekt erfolgreich wird.

3 Vorbereitungen

Im Vorfeld bedarf es einiger Organisation und Absprachen. Menschen müssen überzeugt werden, denn Konfirmand*innen auf dem Friedhof – allein oder in Gruppen –, dazu an einem sensiblen Gedenktag, das ist immer noch ein Wagnis und Experiment und weit entfernt von Banalität und normalem Umgang mit dem Thema. Insofern ist es hilfreich, rechtzeitig mit den Verantwortlichen von Friedhof und Gemeinde, aber auch mit besorgten Eltern ins Gespräch zu kommen. Wie immer ist Kommunikation der Schlüssel zum Erfolg. Das Ernstnehmen von Bedenken und Aufnehmen von Hinweisen und Wünschen hilft, dass das Projekt zu einem gemeinsamen Projekt wird.

Das Projekt ermöglicht andererseits aber auch eine besondere Wertschätzung für den Friedhof als Ort und für die dafür verantwortlichen Menschen. Die Aktion zeigt, dass der Friedhof nicht nur Anhängsel der Gemeinde, notwendiger Ort für Bestattungen und den damit zusammenhängenden Fragen (und finanziellen Probleme) ist, sondern seine eigene Aufgabe und seinen besonderen Charakter hat, den es an die nächste Generation weiterzugeben gilt. Gerade in den Absprachen mit der Verwaltung und anderen Beteiligten kann man noch einmal darüber ins Gespräch kommen und damit das Verständnis für die Anliegen und Aufgaben vertiefen.

4 Ablauf

Wann?	Wer?	Was?	Material
Ca. 4 Wochen vorher	Pastor*in	Absprachen mit der Friedhofsverwaltung	
Ca. 3–2 Wochen vorher	Pastor*in/ Büro	Einkaufen/Kopieren	Lichter/Feuerzeug/ Flurkarte
Ca. 2 Wochen vorher	Pastor*in/ Büro	Anschreiben an Konfis und Eltern	Brief/Mail
Ca. 1 Woche vorher	Pastor*in/ evtl. Büro	Packen der Pakete für die jeweiligen Gruppen	Kleine Pakete à 50 Lichter, Feuerzeug, Flurkarte – mit Markierung des jeweiligen Feldes
Ca. 1 Tag vorher	Pastor*in	Transport zur Kirche/ zum Friedhof	Pakete
Ca. 1 Stunde vorher	Pastor*in/ Team/ Kolleg*innen	Kirche vorbereiten/ Materialausteilung vorbereiten	Pakete
Kurz vorher	Pastor*in	Ansprechbarkeit/ Begrüßung	
15.00 Uhr	Pastor*in/ Team/ Kolleg*innen	Begrüßung/Hinweise (Zettel)/Austeilung	
Aktion	Pastor*in/ Team/ Kolleg*innen	Ansprechbarkeit/»wachsames Auge«	
16.00 Uhr	Pastor*in/ Team/ Kolleg*innen	Gemeinsamer Abschluss?	

Hinweiszettel zum Ablauf – direkt vor der Aktion:

Liebe Konfis, liebe Eltern,

zuerst: Danke, dass ihr mitmacht. Ich freue mich, dass ihr euch gemeldet habt.

So, wie geht es nun los? Ein kurzer Ablaufplan:
1. Ihr behaltet euren Mundschutz auf!
2. Ihr tut euch zu zweit zusammen. Eine*r trägt die Kerzen, eine*r zündet sie an und stellt sie hin. Besprecht das gemeinsam, wo eine Kerze stehen soll.
3. Ihr tragt euch bitte im Vorraum der Kapelle in die Namensliste ein. Dabei schreibt bitte eine*r von euch den Namen eures*eurer Friedhofspartner*in neben den eigenen.
4. Ihr nehmt euch dann einen Karton mit roten Grablichtern. Seid bitte vorsichtig, dass nichts rausfällt.
5. In dem Karton ist ein Feuerzeug, das ich am Ende sehr gern wieder zurück hätte. – Austausch gegen Schokoküsse und anderes.
6. Und ein Lageplan mit einem Feld, das schwarz umrandet ist. Dieses Feld ist eures. Darauf stellt bitte die Kerzen.
7. Ihr könnt die Kerzen großflächig verteilen oder manchmal Inseln stellen, die besonders hell leuchten.
8. Bitte stellt keine Kerze auf ein Grab oder einen Grabstein! Wenn nämlich Menschen kommen, sind sie entweder traurig, dass vielleicht auf ihrem Grab nichts steht oder sie sind böse, weil auf ihrem Grab eine Kerze steht.
9. Wenn ihr noch mehr Kerzen braucht, kommt zu mir, ich habe noch einige in Reserve.
10. Denkt bitte daran, dass heute viele Menschen auf den Friedhof kommen, weil sie sich an ihre Lieben erinnern wollen, die gestorben sind. D.h. es könnte sein, dass hier traurige Menschen herumlaufen. Verhaltet euch bitte angemessen.
11. Wenn ihr Fragen habt, kommt bitte zu uns. Wir versuchen, euch zu antworten.

Danke! Habt Spaß und seid kreativ!

5 Durchführungsbeschreibung

- Es meldeten sich bis Freitag vor Ewigkeitssonntag 37 Konfis und zwei Eltern im Büro an. Am Sonntag kurz vor 15 Uhr waren es dann gut 50 Konfis, die den Weg zum Friedhof gefunden hatten. Sie brachten zudem Geschwister und Freund*innen mit. Die Atmosphäre war gespannt. Es war deutlich, dass Jugendliche nicht automatisch sicher in einer Gruppe von ihnen fremden Jugendlichen sind, sondern sich zunächst in ihren Peergroups aufhalten. Das hat sich erst im Laufe der Zeit verändert.
- Vor der Friedhofskapelle gab es für alle eine kurze Einweisung. Jede*r erhielt zusätzlich auf dem Zettel die Hinweise noch einmal schriftlich.
- Obwohl es kein normales »Konfi-Gefühl« gab und kaum Vertrautheit vorhanden war, funktionierte das Zusammenspiel gut. Die Konfirmand*innen waren diszipliniert und zeigten, was sie in diesem Jahr durch die schulischen Regeln im Zusammenhang mit Corona gelernt hatten. Es hat geholfen, dass sie eine klar umrissene Aufgabe hatten und eigenverantwortlich agieren durften. Sie konnten kreativ sein, hatten spielerische Möglichkeiten und mussten sich den ganz praktischen Herausforderungen (Wind und Feuer) stellen.
- Wenn sich Jugendlichen abmeldeten, bekamen sie den Auftrag, noch einmal über ihr Feld zu gehen und die erloschenen Kerzen wieder zu entzünden. Das taten sie alle bereitwillig.
- Nach einer Stunde war alles beendet. Die Konfis durften nach Hause. Einige gingen noch weiter über den Friedhof, um hier und da Kerzen wieder anzuzünden.

6 Stolpersteine

Die Unterschiede im Umgang mit einer solchen Aufgabe wurden in der Umsetzung deutlich. Während die einen ein System beim Aufstellen hatten, einem inneren Muster folgten, sah ein anderes Feld fast so aus, als hätten sie die Kerzen einfach nur abgestellt. Eine Gruppe brauchte viel Zeit für die 50 Kerzen, weil sie sich jeden Ort zusammen überlegten, eine andere Gruppe war nach fünf Minuten fertig. Mit diesen Verschiedenheiten ist zu rechnen, ohne dass sie das Unterfangen infrage stellen.

7 Pädagogisches Potenzial und Gesamtbewertung

Insgesamt ergibt sich eine Mischung aus Kreativität, ästhetischem Empfinden, sportlichem Wettkampf und verantwortlichem Arbeiten. Dabei ist die Atmosphäre bei der Durchführung intensiv und berührend. Die Aktion hat mehrere Effekte. Zum einen kann sie eine besondere Würdigung des Friedhofes und des Ewigkeitssonntages sein. Ein gelungenes Foto des erleuchteten Friedhofes und ein kurzer Bericht der Aktion in Lokalzeitung oder auf der Homepage schafft Aufmerksamkeit für die verschiedenen Akteur*innen. Manch nachmittägliche*r Besucher*in wird zudem von der besonderen Stimmung der Kerzen und der aktiven Jugendlichen angetan sein. Zum anderen kommen die Konfis ganz leicht mit dem Ort in Berührung, können sich ein eigenes Bild machen und eventuelle Fragen mit ihrer Gruppe oder einer Ansprechperson klären. Und ganz wunderbar kann diese Aktion Ausgangspunkt für das Thema »Sterben und Tod« im wöchentlichen Konfirmand*innenunterricht bilden. Hieran kann die Gruppe anknüpfen, Fragen stellen und bestimmte Gesichtspunkte vertiefen. Alle Konfis sind durch das handlungsorientierte Vorgehen dabei und können ihre Sicht mit einbringen.

Selbstverständlich kann man die Aktion ausbauen. Eine Rahmung durch eine kurze Andacht am Anfang und Ende bietet sich an. Die Konfis können auch einen Bibelspruch (»Ich bin das Licht der Welt«, Johannes 8,12) auf den Weg mitbekommen, den sie bei der Aktion bedenken sollen und den man im gemeinsamen Abschluss bespricht. Und doch zeigt die Erfahrung, dass man auch weniger machen kann und die Jugendlichen gefangen sind von ihrer Aktion. Manches leuchtet einfach ohne viele Wort ein und berührt.

6 Gemeinsam das Leben feiern – Martins Mahlzeit

Dieter Niermann

1 Wie alles begann – die Idee

»Andere Gottesdienste feiern« bzw. »anders Gottesdienst feiern« – welche Gemeinde hätte einen Plan dieser Art nicht schon mal gefasst und umgesetzt? So sehr uns die feste Form, das Liturgische und die damit verbundene »Zeitlosigkeit« trägt und einleuchtet, so regelmäßig kommen Fragen nach Zeitpunkt, Form, Zielgruppen und Stellenwert des Gottesdienstes auf die Tagesordnung. Und dies besonders, wenn die Konfirmand*innen und ihre Familien in den Blick genommen werden. In der St.-Martini-Gemeinde in Bremen-Lesum war dies der Ausgangspunkt für »Martins Mahlzeit«.

Gemeinsam das Leben feiern – unter dieser Überschrift steht bis heute ein zweistündiges Gottesdienstgeschehen in der Kirche, deren Altar an ihrer Längsseite steht, um den sich in U-Form Kirchenbänke gruppieren. Der übliche Zugang erfolgt an der Kopfseite. Die Gäste von »Martins Mahlzeit« werden jedoch durch den 700 Jahre älteren Kirchturm auf der gegenüberliegenden Seite ins Kirchenschiff eingelassen. Den Ort neu zu erschließen, war eine der Grundüberlegung bei der Entwicklung dieser Gottesdienstform. Drei Eckpunkte des Geschehens sollten dabei im Vordergrund stehen:

1. Musikalische Gäste

»Wer singt, betet doppelt«, heißt es in der Einladung. Musikalische Gäste sollten mit ihrer je eigenen Musik und Darbietung »Martins Mahlzeit« prägen: Pop, Gospel, ein Klezmer-Quartett, die Jugendband oder ein*e Klarinettist*in.

2. Lecker Essen

»Futtern wie bei Luthern« – im Logo der Gottesdienstreihe ergänzt ein Luther-Konterfei mit Kochmütze den Schriftzug »Martins Mahlzeit«. Das gemeinsame Essen in der Kirche ist eine wesentliche Phase. Es findet nicht hinterher statt, es gehört wie Fürbitte und Predigtteil, Lesung oder Segen zum Gottesdienst selbst.

3. Gemeinschaft

»In die Kirche gegangen und Gott getroffen« – ja, und nicht nur den! Begegnungen mit anderen Gästen, mit Gottes Wort, mit besonderer Musik, mit gastgebenden Menschen der Gemeinde, die Begegnung mit mir selbst und Zeit dafür sind Teil des Gottesdienstes.

2 Den Ort neu erschließen

Schnell wurde klar, dass es mehr als einen anderen Eingang und eine andere Tageszeit braucht, um einen Ort neu zu erschließen. Der Kirchraum selbst sollte zum Geschehen seinen Beitrag leisten.

Es ergab sich eine Vierteilung des Kirchenraums mit dem Taufstein auf seiner Freifläche im Zentrum:
- Der Bereich links vom Kanzelaltar wurde den musikalischen Gästen freigeräumt. Die Bänke rückten nach hinten und boten Platz für ein Kinder-Mitmachangebot.
- Der Bereich rechts vom Kanzelaltar erhielt einen lose ausgerollten Messeteppichboden. Darauf die Kirchenbänke, je zwei zueinander gedreht. Dazwischen jeweils eine selbst gebaute Tafel: acht bis zehn Meter lang, mit einem großen weißen Tischtuch. Je nach Aufbau wurden so 90 bis 130 Sitzplätze an festlich eingedeckten Tischen geschaffen. Der Bereich erhielt mit drei hohen Strahlerständern im Straßenlaternen-Stil eine eigene »Bistro-Beleuchtung«.
- Der beiden Bereiche an der Längsseite und damit direkt gegenüber vom Altarbereich, blieben unverändert. Hier beginnt jeweils das Gottesdienstgeschehen.

Beim Eintreten durch den Turmeingang erwarten freundliche Mitarbeitende des Teams die Gäste. Liedblätter mit Ablauf werden verteilt; wer mag, lässt Jacke oder Kinderwagen, Regenschirm oder Rollator im Turmraum zurück. Entlang der gedeckten Tische geht es in die Mitte des Kirchenraums, wo auf dem Taufstein ein Kerzenbrett zum Entzünden eines Lichts einlädt. Die musikalischen Gäste spielen bereits ein erstes Musikstück. Zeit zum Ankommen und informellen Begrüßen. Schließlich wird Platz gegenüber vom Altar genommen. Links sind die musikalischen Gäste, rechts lockt der gedeckte Tisch. Der Blick nach vorn ruht auf den brennenden Kerzen, Altar und Kreuz. Gemeinsam das Leben feiern – der Abend beginnt.

3 Gemeinsam ...

... feiern. Familien von Konfirmand*innen, Kerngemeinde, Mitarbeitende aus Gruppen und Kreisen, Freund*innen der musikalischen Gäste, Neugierige und »Mitgebrachte«. *Gemeinsam* meint auch, dass es Zeit für Interaktion gibt: Die musikalischen Gäste sind nicht Rahmenprogramm, sondern Gegenüber. Lieder werden durch sie anmoderiert, die Musizierenden eröffnen das Gespräch mit den Besucher*innen.

Die Atmosphäre zu Beginn, beim Essen und auch nach dem Segen ist kommunikativ. Die Frage, ob nach einem musikalischen Beitrag geklatscht werden darf, stellt sich erst gar nicht. Und auch der Wechsel gelingt: vom Marktplatzgewimmel mit seiner Geräuschkulisse hin zu Andacht und Gebet, zum Hören auf Gottes Wort.

4 ... das Leben ...

Außerhalb der Perikopenordnung – nicht außerhalb des Kirchenjahres – steht »Martins Mahlzeit« mit seinen Texten und Themen. Nach und nach ergaben sich »klassische« Termine für dieses besondere Gottesdienstformat: Am Gründonnerstag, als »Reise-Segen« zum Ferienbeginn, am Martinstag. Wir feiern »anlassbezogen«, und ein Grund ist auch das Sich-Einknüpfen in ein Miteinander vieler, die das schöne, schwere Leben bestehen und genießen. Thematische Impulse greifen Lebens- und Alltagsthemen auf. Es geht um Großzügigkeit, Gastfreundschaft, Träume und Lebensreisen, ums Teilen und Frieden halten, um Idole, menschliche Vorbilder und Lieblingslieder, die in uns eine Saite zum Schwingen bringen, eben um all das, was zwischen Himmel und Erde wirklich wichtig ist. Zum Leben gehört, dass es nicht allen gerade leichtfällt. Unsere Lebenssituationen und Sichtweisen sind unterschiedlich und unsere Möglichkeiten verschieden. Darum sind beim Essen, das sich an den thematischen Mittelteil, das Hauptgericht, anschließt, alle eingeladen. Das Essen ist gekocht, die Getränke stehen bereit, kein Kostenbeitrag ist zu zahlen.

Vorher aber ist Bewegung entstanden: Die Gottesdienstgemeinde und die musikalischen Gäste haben die Plätze gewechselt, und sitzen in neuer Zusammensetzung an den langen Tafeln beieinander. Die Gespräche mit vertrauten und weniger vertrauten Menschen beginnen: Vielleicht steht noch eine Frage aus dem Thementeil an oder ein Austausch über den bisherigen Abend, eigene Vorlieben, das Leben im Allgemeinen und im Persönlichen. Fleißige Hände bringen Schalen und Schüsseln, Platten und Brotkörbe zu den Tischen. Das Tischgebet verbindet: Die linke Hand, »nehmend« nach oben offen, findet die rechte Hand der Nachbarin*des Nachbarn, die »gebend« nach unten geöffnet ist. Durch die Reihen hindurch schließt sich der gemeinschaftliche Kreis, der – wie unser Leben – aus Nehmen und Geben besteht. Ein schlichtes Tischgebet. Wer mag, spricht mit. Und dann wird gegessen. Die Gespräche verstummen kaum. Irgendwann zieht es die Kinder und jüngeren Jugendlichen zum Mitmachangebot. Zeit ist genug.

5 ... feiern!

Was macht ein Essen zum Festmahl? Was macht den Gottesdienst zur Feier? Auf »Martins Mahlzeit« bezogen lässt sich festhalten: Es ist kulinarisch betrachtet nicht das opulente Mahl, die Auswahl am Büfett oder die Erlesenheit der Speisen. Es ist musikalisch betrachtet nicht das Oratorium oder die perfekte Bühnenshow, eher die schlichte Weise des Beisammenseins, das Feiern mit Bodenhaftung ohne »Robe und Gedöns«. Der große Schatz der Menschenfreundlichkeit Gottes wird hier in kleiner Münze an möglichst viele ausgezahlt.

Der japanischen Wissenschaftler Noriaki Kano hat im Bereich des Qualitätsmanagements und der Kundenzufriedenheit einen spannenden Blick auf komplexe Dienstleistungen entwickelt: Wir haben als Kund*innen 1. *Grunderwartungen* an das, was geschieht. Bleiben diese unerfüllt, gibt es trotz Ankündigung kein Essen oder keine musikalischen Gäste, darf ich nicht dabei sein oder finde keinen Platz, ist die Kirche unwirtlich kalt oder schmutzig. Dann wird »Martins Mahlzeit« mich enttäuschen, komme ich nicht wieder oder gehe schon vor der Zeit. Auf der zweiten Stufe lassen sich 2. *Leistungserwartungen* ausmachen: Wenn es schon ein besonderer Gottesdienst sein will, dann erwarte ich Besonderes. Es darf, ja es sollte sogar ein »Mehr« geben. Ein »Mehr« oder »Anders« als das, was ich von meinen bisherigen gottesdienstlichen Erfahrungen noch erinnere. Dann komme ich gern wieder. 3. *Begeisterungsfaktoren* warten darüber hinaus mit nicht Planbarem auf. Es sind die Dinge, die mich überraschen, die Aspekte, die weit über das Erwartbare hinausgehen und von besonderer Liebe zum Detail künden. Dazu gehört die eine oder andere Gestaltungsidee des Themas, der besondere »Pfiff« beim Nachtisch, ein thematisches Give-away. Vielmehr noch kann begeistern und den Abend zum Fest werden lassen, was wir nicht geplant und detailverliebt gestaltet haben, das, was wunderbarerweise darüber hinaus geschah. Daran wirken all jene aus dem Team mit, die gründlich vorbereiten und zugleich mit der Abweichung vom Plan rechnen und umgehen können: alle, die eine Atmosphäre des Miteinanders durch ihre Haltung, ihr Agieren möglich machen, die aufrücken, die Knappes teilen und sich mit dem Wenigen beschenkt fühlen, die im Misslingenden den guten Plan leuchten sehen, die sich trauen, eigene Beiträge zu leisten, weil alle »irgendwie so nett zueinander sind«.

6 Was daraus wurde – Puzzleteile eines Fazits

Einige Jahre sind seit der Anfangszeit von »Martins Mahlzeit« ins Land gezogen. Mitstreiter*innen sind zum Teil geblieben, zum anderen Teil gegangen. Die jüngeren Aktiven wurden älter, neue Interessierte zur Mitarbeit ermutigt. Auch »Martins Mahlzeit« hat sich in Teilen verändert und ist sich in anderen Teilen treu geblieben. Drei Punkte möchte ich – mittlerweile aus der Distanz – herausgreifen.

Wer macht mit …?

Der Anspruch, gemeinsam und »auf Augenhöhe« in einem gemischten Team aus haupt- und ehrenamtlich Aktiven Martins Mahlzeit vorzubereiten, bestand von Anfang an. Doch: Wessen Wunsch ist das wirklich? Ich beobachte, dass viele, die sich ehrenamtlich engagieren wollen, nur ungern in »Aufgaben im Rampenlicht« hineinwachsen möchten und sich dort unwohl und überfordert fühlen. Zugleich sind jene Menschen, die dort eigene Kompetenzen und Routinen einbringen könnten, oftmals nicht gewillt, sich zur Mitarbeit an einem gottesdienstlichen Format zu entscheiden. Bleibt jedoch die Rolle eines »Motors des Formats« nur bei einzelnen Hauptamtlichen, kommt es zu Ermüdungserscheinungen. Um die Mühe der Vorbereitung »schlank zu halten«, wird manches von Einzelnen erledigt. Auch die Terminfindung ist in größeren Vorbereitungsgruppen mühsam. Es bleibt eine zentrale Herausforderung, in einer gewissen Kontinuität Projekte wie dieses arbeitsteilig und tatsächlich *gemeinsam* zu realisieren.

Was für ein Aufwand ...!

Schon in den Team-Protokollen der ersten drei Jahre finden sich Fragen wie diese: »Wie wichtig ist uns das warme Essen?« oder »Die Bänke leiden! Braucht es diesen Umbauaufwand?«

»Martins Mahlzeit« wurde daraufhin »vereinfacht«, die regelmäßige Kraftanstrengung für den umfangreichen Umbau der Kirche heruntergeschraubt, Varianten erprobt und eingeführt: Am Gründonnerstag werden wenige Tische im Altarraum aufgebaut. Der Sommertermin sammelt die Gottesdienstgemeinde rund um den Grill auf dem Kirchplatz. Sind das Weiterentwicklungen, Zeichen stetiger Erneuerung und Anpassung an sich verändernde Bedürfnisse und Möglichkeiten? Oder wird ggf. eine zentrale Säule des Konzepts beschädigt? Den Aufwand zu verringern, Ressourcen zu sparen, muss ja nicht schädlich sein. Aber wo ist die »Sollbruchstelle nach unten«? Bleibt letztlich nur das Erwartbare, wenn kein neuer Begeisterungsfaktor die bisherigen ablöst? Die Liebe zum Detail zu erhalten und trotzdem unnötige und aufwendige Detailverliebtheit abzubauen – das ist ein mühsamer Prozess ohne Patentrezepte.

Alles hat seine Zeit ...?!

Muss das Besondere überhaupt in Serie gehen? Wurde (je) eine Form gefunden, die sich stetig erneuern kann, ohne sich dabei zu verlieren? Welcher Zauber bleibt, wenn es nicht mehr der ist, der allem Anfang innewohnt?

Meine Erfahrung aus langjähriger Projektarbeit zeigt: Die Endlichkeit eines Vorhabens und damit auch seine Überschaubarkeit ist ein wichtiger Faktor für das Gelingen. Idealerweise gibt es sie bereits im Konzept: Die Momente, wo alle »erlaubterweise« aussteigen und gehen. Nicht zwingend muss das ein Ende des erarbeiteten Konzepts sein. Aber es ist auf jeden Fall der Moment eines Neuanfangs, der all jene Aspekte enthält, die jenen Zauber neuer Anfänge ausmachen: Gestaltungsfreiheit, Rückbezug auf aktuelle Situation, Ziele und Visionen, Klärung von Notwendigkeiten und Aufgaben samt den dazu erforderlichen Personen.

V »Was vom Tage übrig blieb ...« – Keine Party ohne Kater

Dieter Niermann

Die leeren Flaschen sammeln sich wieder im Kasten, die Möbel werden an ihren üblichen Platz zurückgerückt. Noch in der Nacht wurden übrige Leckereien umgefüllt und mit Folie abgedeckt im Kühlschrank gelagert. Am Morgen danach herrscht Katerstimmung, ist der Kopf noch voll von Genossenem in vielfacher Form. Und: Es gibt Reste!

Reste sind Beleg für die Fülle des Vortags! Beim Einkauf war bereits klar: Die Angst vor dem Mangel, dem zu früh geleerten Büfett oder dem ausgegangenen Wein sorgt für das Zuviel. Wir wollen uns nicht lumpen lassen, nicht am falschen Ende sparen, endlich mal auf den Putz hauen und aus dem Vollen schöpfen! Genau – auch das macht ein Fest aus! Und es bleibt etwas übrig.

Aber das Allermeiste »kommt ja nicht um«. Es »lebt weiter«, wird aufgebraucht und aufgezehrt in den All-Tagen danach. *Reste lassen das Fest ausklingen.* So strahlt es über sich hinaus, wirkt nach, im Dip auf dem Graubrot am nächsten Abend, als Rotweinrest nach dem Aufräumen am Feierabend.

Reste ... bleiben! Jedes Fest ist Teil von Biografien – der eigenen und verbindender Schnittpunkt der Biografien aller Anwesenden. Es bleibt in Erinnerung. Als Foto oder Videoclip, als Instagram-Post oder aufbewahrte Glückwunschkarte, als neue Bekanntschaft oder neue Erkenntnis eines tiefschürfenden Gesprächs am Stehtisch. Etwas bleibt.

1 Im Alltag den Glauben feiern!

Andreas Erdmann

1 Die Idee

Eine Konfirmandin hat mir ihre Auffassung über Gemeinde und Alltag pointiert so erklärt: »Wenn ich in die Gemeinde komme, dann geht bei mir halt ein Schalter an – jetzt christlich denken – und wenn dann Schluss [mit der Stunde] ist, geht er eben wieder aus.« Das brachte mich zu der Idee: Wie wäre es, die Präsenzzeit der Jugendlichen in der Gemeinde einfach mal zur Reflexion und zum Austausch erlebter Glaubenserfahrungen aus dem Alltag zu nutzen – vielleicht nicht gleich die ganze Konfi-Zeit über, aber zumindest für einen Teil davon?! Um derlei Erfahrungen machen zu können, bekommen die Konfis während ihrer Präsenzzeit in der Gemeinde bei mir Übungen für ihre Freizeit mit. Dies kann u. a. symboldidaktisch mit psychomotorischen Ankern und Methoden der performativen Pädagogik geschehen. Der Spieß (oder der Schalter?) wird quasi umgedreht (umgelegt).

2 Überlegungen

Eine Vermittlung von Inhalten durch die Unterrichtenden soll es nur dort geben, wo es als zwingend notwendig erachtet wird oder von den Jugendlichen eingefordert wird. Im Regelfall sollen sich die zu Konfirmierenden nötiges Wissen selbst aneignen und erarbeiten. Die Förderung positiver Einflussfaktoren zu einer stärkeren Bindung des Individuums an die Gruppe und der Gruppe an die Gemeinde kann über ihre (auch gemeinsamen) Erfahrungen im Glauben ermöglicht werden. Im Fokus der Konfi-Zeit steht also die Stärkung der Spiritualität der Jugendlichen. Diese soll den Alltag der Jugendlichen spürbar beeinflussen und die zu Konfirmierenden in ihrem christlichen Glauben bestärken und »festigen«, d. h. konfirmieren. Durch die erprobte Glaubenspraxis wiederum werden die Konfis sprachfähiger in Bezug auf ihre eigene Spiritualität und können in Kommunikation miteinander im Glauben wachsen und so viel bewusster und lebendiger am gemeinsamen Feiern teilhaben.

Doch halt! Schöne Theorie, aber hat denn überhaupt jemand die Jugendlichen selbst gefragt oder ist das mal wieder nur eine von irgendwoher »eingekippte« Idee? Die Antwort lautet: Ja, die Jugendlichen wurden gefragt und artikulieren ihren Bedarf nach Spiritualität und Frömmigkeit. Eine deutliche Mehrheit der Jugendlichen wünscht für ihre Konfi-Zeit (mehr) Möglichkeiten aufgezeigt zu bekommen, wie sie eine (bzw. ihre) Beziehung zu Gott aufbauen bzw. stärken können. Warum fällt dieser Bedarf jetzt ins Gewicht und ist nicht früher aufgekommen? Eine These: Weil sich unsere Gesellschaft und mit ihr die Frömmigkeit in ihr gewandelt hat. Luther und Melanchthon haben zu ihrer Zeit den Bildungscharakter in den Vordergrund gestellt, weil Bildung Mangelware war. Die Menschen waren fromm, der Glaube hat den Alltag der Menschen bestimmt, aber Bildung konnten sich nur wenige leisten. Der Katechismus ist eine Antwort darauf. Heutzutage ist es anders: Im Zeitalter der Information, der Schulpflicht und des Internets ist Wissen zu jeder Zeit verfügbar. Um sich Wissen anzueignen ist die Arbeit in der Gemeinde nicht zwingend erforderlich. Dafür fehlt es im Alltag an Begleitung im Glauben. Um das zu erreichen, könnte ein Weg der Konfi-Arbeit die konkrete Förderung einer Praxis der Frömmigkeit bzw. Spiritualität im Alltag der Jugendlichen sein, denn »der christliche Glaube ist ohne die Praxis der Frömmigkeit gestaltlos« (Friedrich Wintzer). Auch methodisch-didaktisch sollte die Konfi-Zeit daher im Sinne einer ganzheitlichen Erfahrung gestaltet werden, d. h. Körper, Sinne und Emotionen ebenso ansprechen wie die rein kognitive Ebene. Dies ermöglicht es, den Glauben nicht nur zu lernen, sondern ihn auch zu erfahren. Und Letzteres ist es, was erforderlich ist, um ihn auch bewusst und mündig feiern zu können.

Gerade wenn danach gefragt wird, wie die Gemeinde als alltäglicher Lern- und Lebensort gewonnen werden kann, muss entgegnet werden, dass nicht die Gemeinde zum Alltagsort gemacht werden muss, sondern dass dem Glauben Ausdrucksformen im Alltag ermöglicht und die Gemeinde auch für die Jugendlichen zu dem Ort werden sollte, an dem die Glaubenden zusammenkommen und in den Austausch von Alltagserfahrungen miteinander kommen können. Oder auf den Punkt gebracht: Nicht (nur) der Alltag gehört in die Gemeinde, sondern (auch) der Glaube in den Alltag.

3 Konkretionen

Um zur Reflexion einen kontinuierlichen Austausch untereinander zu haben, bietet sich ein wöchentliches Modell an. Beim Blockmodell o. Ä. sind die Abstände zu groß oder müssten (z. B. digital) kompensiert werden. Bei Gruppen ab zehn Konfis können die Reflexionsrunden in Kleingruppen durchgeführt werden, die ggf. fest sind, um die Bindung zu stärken und Peergroups zu ermöglichen, in denen sich die Jugendlichen vertrauen und öffnen können.

Das Auslagern der Übungen in den Alltag hat auch einen zeitlichen Vorteil: Die Konfi-Zeit ist zu kurz, um in einer Stunde pro Woche nennenswert zur Ausbildung und Erweiterung der Spiritualität im Alltag beitragen zu können, wenn man sich einzig auf diese Zeit beschränkt. Zudem lässt sich Frömmigkeit nicht durch einen Lehrvortrag im Rahmen des Unterrichtes vermitteln. Frömmigkeit muss erfahren, praktiziert und geübt werden. Die Konfi-Zeit soll der Ort des Austausches über die in der vergangenen Woche gemachten Erfahrungen sein und der Ort, an dem die Konfis neue Aufgaben und Übungen für die kommende Woche erhalten. Diese sind im Kern jugendgerechte Exerzitien für den Alltag, in denen das eigentliche Lernen durch die Erfahrungen geschieht. Der gemeinsame Austausch dient der Festigung, Vertiefung und Bestätigung durch die Gruppe. Dabei kann die Zeit während der Treffen vor Ort genutzt werden, um Hintergrundinformationen zu vermitteln.

Die Treffen beginnen und enden mit demselben Ritual. Rituale sind wichtig für die Jugendlichen, weil sie sowohl ihre soziale als auch ihre religiöse Kompetenz stärken. In diesem Sinne sind Rituale

Teil der Förderung von Spiritualität im Alltag, weil Rituale die Konfis in ihrer Glaubenspraxis unterstützen. Sie haben dann etwas, wonach sie sich richten können. Variieren und Individualisieren kommen später (vielleicht auch erst lange nach der Konfi-Zeit) von allein.

Zu Beginn jeder Einheit könnte es eine kurze »Daumenrunde« geben oder in kleineren Gruppen ein, zwei Sätze – wer mag – zur aktuellen Stimmungslage und zu dem, was sie gerade seelisch mit sich schleppen, was sie belastet und/oder erfreut. Ich habe damit gute Erfahrungen gemacht.

In der ersten Einheit tauscht sich die Gruppe allgemein über ihre Erfahrungen im Glauben aus. Gibt es zu Hause bestimmte Rituale wie das Tischgebet oder den Kirchenbesuch zu Heiligabend? Beten die Jugendlichen (regelmäßig)? Und wenn ja, zu wem und wie? etc. Dies kann auch in Partner- oder Gruppenarbeit stattfinden bzw. im Austausch mit ihren Mentor*innen (z. B. Teamer*innen aus der Jungen Gemeinde, die sie während der Konfi-Zeit als geistliche Begleiter*innen unterstützen). Je nach Art und Form der in der vergangenen Woche praktizierten Übung findet in allen folgenden Stunden an dieser Stelle ein Austausch über die erlebten Erfahrungen mit den Exerzitien statt.

Schließlich erhalten die Konfis für die kommende Woche eine (neue) Übung oder Aufgabe. Dabei werden nur die nötigsten Hintergrundinformationen weitergegeben: Impulse, Anregungen, Motivation. Die eigentliche Recherche bzw. praktische Übung erfolgt durch die Teilnehmenden selbst innerhalb der Woche. Die gemachten Erfahrungen von den Konfis in einem Begleitbüchlein notieren zu lassen, hat folgende Vorteile:

1. Die Aufgabenstellung könnte in dem »Konfi-Begleiter« bereits fixiert sein (Achtung: Vorarbeit nötig!), sodass sie nachgelesen und auf diese verbindlich hingewiesen werden kann.
2. Das Niederschreiben der Erfahrungen und Eindrücke hilft bei der Reflexion. So bleibt es nicht bei einem Gefühl, das da ist und wieder geht. Die Konfis erarbeiten sich die Möglichkeit, über ihre Erfahrungen sprachfähig zu werden.
3. Im Erfahrungsaustausch der nächsten Stunde kann auf diese Notizen zurückgegriffen werden. Das mindert die Wahrscheinlichkeit, dass beim Aussetzen der Übung Erfahrungen anderer

Teilnehmender aufgegriffen und nachgesprochen oder gar eigene nur ausgedacht werden.
4. Die Konfis haben später die Möglichkeit, in ihrem Konfi-Begleiter, ähnlich einem Glaubenstagebuch, zu lesen und die eigene Entwicklung nachzuvollziehen.

Das Treffen schließt mit Gebet und Segen. Der Konfirmand*innenunterricht bietet einen geschützten Raum von Mitbetenden, die ebenso Suchende sind, und bietet Begleitung durch die Unterrichtenden als Person(en) mit mehr Erfahrung. An diesen Prozess sollten sie herangeführt werden. Auch das Beten muss (zu Hause) geübt werden, bevor es durch die Konfis praktiziert werden kann. Es reicht nicht, über das Beten eine Abhandlung zu lesen. Es ist empfehlenswert, dass das Gebet in den ersten Stunden von den Unterrichtenden gesprochen wird, sofern nicht jemand von den Konfis explizit den Wunsch äußert, selbst das Gebet sprechen zu wollen oder sich daran zu beteiligen (das ist mir noch nie passiert). Entwicklungspsychologisch sind die Konfis in einem Alter, in dem ihre Stellung in der Peergroup eine große Bedeutung für sie hat. In einem Alter, in dem vieles peinlich ist, wird es als hilfreich empfunden, die ersten Erfahrungen im selbst formulierten Gebet im geschützten Rahmen daheim zu üben und nicht auf dem Präsentierteller des potenziellen Freundeskreises. Das Gebet im Rahmen der Präsenzzeit in der Gemeinde mit der leitenden Person der Konfi-Zeit soll übergangsweise das Lernen am Modell fördern. In späteren Stunden kann dann die Einladung zur Beteiligung am Gebet folgen.

Die zu Konfirmierenden sind gegen Ende der Stunde häufig bereits auf dem Sprung und haben es eilig. Es ist wichtig, ihnen von Anfang an mit Überzeugung zu vermitteln, dass der Segen ein Geschenk und etwas Besonderes ist. Dass der Segen nichts ist, vor dem es zu fliehen und in Richtung des restlichen Alltags zu stürzen gilt, sondern dass der Segen der Moment ist, für den es sich noch einmal lohnt innezuhalten. Erfahrungsgemäß wird es in den ersten Monaten der Konfi-Zeit häufiger zu Unruhe und Aufbruchsstimmung während dieser Phase kommen als in den letzten Monaten der Konfi-Zeit.

Exemplarischer Ablauf einer Konfi-Stunde:

Phase	Dauer	Konfis	Leitung
Ankommen	10 Min.	Daumenrunde, Stein & Kerze/Feder, o. Ä., um die eigene Stimmung und das, was seelisch mitgebracht wird, zu teilen	Reiht sich mit ein, kann anfangen, muss es aber nicht
Reflexion	25 Min.	Austausch in Kleingruppen, Tandem oder dem Plenum über die Erfahrungen und ggf. Erkenntnisse der vergangenen Woche	Moderation und Koordination (Kleingruppen ggf. durch Teamer*innen unterstützt)
Aufgabenstellung	10 Min.	Übungen/Aufgaben für die folgende(n) Woche(n)	Beschreibt die Übungen und verteilt ggf. nötiges Material
Abschluss	5 Min.	Beten stumm mit und empfangen den Segen (im späteren Verlauf dann ggf. auch mit eigener Beteiligung)	Betet, segnet und verabschiedet

Alles in allem ca. 50 Minuten Kernzeit und ca. 10 Minuten Puffer nach Bedarf, insbesondere in der Ankommensphase und bei der Reflexion, also maximal eine Stunde.

4 Übungsvorschlag

Ganz konkret: Was können das für Übungen sein und was wird dafür gebraucht? Ich stelle hier ein Beispiel aus einer mehrwöchigen Übung mit kleinen Holzkreuzen (ca. 1 × 2 cm) vor:

An die Jugendlichen gerichtet: »Über Gott kannst du vieles mit dem Kopf lernen, aber so richtig tief geht es eigentlich erst, wenn das Herz dazukommt. Deine persönliche Beziehung zu Gott kannst du im Alltag durch sogenannte ›Anker‹ fördern, wir können sie Erinnerungsstütze nennen. Gute Erfahrungen habe ich beispielsweise mit den kleinen Holzkreuzen *[zeigen]* gemacht. Versuch es auch einmal! Dazu packst du das Holzkreuz an einen Ort, an dem du es hin und wieder im Laufe des Tages entdecken kannst, z. B. in die Hosentasche, zwischen Handy und transparenter Handyhülle, ins Portemonnaie o. Ä. Du hast sicherlich noch bessere Ideen! Dann nimmst

> du dir etwas vor, was du machst, wenn du zufällig an das Kreuz fasst oder es siehst. Z. B., dass du dann ein kurzes Gebet sprichst. Oder du sagst Gott, was er dir bedeutet (oder auch nicht bedeutet). Wichtig: Nimm dir nur eine Sache vor, aber nimm dir dafür mindestens eine Woche lang Zeit.«

Im späteren Verlauf wurde mit den Kreuzen weitergearbeitet. Die Konfis sollten sich zu Symbolen für Christus informieren (Licht der Welt, Dornenkrone, Lamm, Brot des Lebens etc.) und eines wählen, dass zu »ihrem« Jesus passt und das Kreuz dann mit dem Symbol gestalten. Das ist auf dem kleinen Kreuz eine ganz schöne »Friemelarbeit«, sodass die Gestaltung fast meditative Züge angenommen hat. Das konnten die Konfis dann beim nächsten Treffen in der Reflexionsphase in ihrer Peergroup vorstellen und mit anderen darüber sprechen.

Die Verbindung des Kreuzes mit einem kleinen Stoßgebet in der Form von »Danke für …« – was immer es gerade zu danken gibt und wenn es noch so banal ist – hat bei den Jugendlichen nach eigener Aussage zu einer dankbaren Stimmung und regelmäßigen »Gesprächen« mit Gott geführt, auch wenn sie das Kreuz schließlich gar nicht mehr dabei hatten.

Ich habe die Erfahrung gemacht, dass man die Jugendlichen nicht mit Ausreden oder (vermeintlich coolen) Aussagen davonkommen lassen darf. Wenn sie argumentieren, dass sie nicht immer dankbar sind, dann sollen sie Gott einfach sagen, warum sie gerade nichts zum Danken finden können oder eben nicht danken können. Selbst wenn sie nicht an Gott glauben, dann sollen sie ihm das ruhig selbst sagen (oder einfach vor sich hinsprechen, warum sie das nicht können). Wenn sie sagen, dass sie das Kreuz zu Hause auf dem Tisch liegen hatten und nie dorthin geschaut haben, dann sollen sie sich überlegen, wie sie in der kommenden Woche sicherstellen können, dass es besser läuft. Wenn sie das Holzkreuz verlieren, dann bekommen sie ein neues, dessen Anschaffungspreis sie selbst bezahlen (was ich vorher angekündigt hatte), etc. Sie sehen schon an der kurzen Ausführung, dass das Auslagern der eigentlichen Aneignungszeit in die Freizeit der Jugendlichen heißt, dass Sie sich darauf gefasst machen müssen, eine Menge Ausreden in der

Anfangsphase vorgelegt zu bekommen. Doch ehrlich: Wie stark die Konfis beim klassischen Konfirmand*innenunterricht bei der Sache sind – selbst unter direkter Aufsicht – wird wohl auch nicht immer ganz sicher sein.

Trotzdem fordert diese Methode am Anfang Überzeugungsarbeit und Durchhaltevermögen, wird dafür aber gegen Ende mit umso mehr Dankbarkeit und Nachhaltigkeit belohnt. Eine weitere Hürde ist die Konkurrenz, was den Workload in der Freizeit betrifft. Die Schule geht bis in den späten Nachmittag, dann müssen die Konfis essen, Hausaufgaben machen, würden sich noch gern (digital) mit Freund*innen treffen, haben aber noch Verpflichtungen im Haushalt oder gehen in einen Verein. Aus diesem Grund ist es strategisch sinnvoll, Phasen, die eher en passant geschehen (wie die psychomotorischen Anker), gegenüber Phasen, die eine punktuell zeitlich gebundene Aufmerksamkeit benötigen (wie das Gestalten des Kreuzes), den Vorzug zu geben und auf die Wissensvermittlung während der Nachmittags- bzw. Abend-Konfi-Stunden zu verzichten. Die Konfis sind nur noch begrenzt aufnahmefähig. Das beschriebene Vorgehen fördert hingegen die Selbstständigkeit der Konfis. Sie lernen aus ihren Erfahrungen, die sie mit anderen teilen können, was dem bei Jugendlichen ohnehin üblichen Format des »Teilens« von Erfahrungen u. a. über Social-Media-Kanälen entspricht und durch diese auch unter der Woche methodisch unterstützt werden könnte.

5 Abschlussgedanke

Am Ende ist noch festzuhalten, dass diese Form von Konfi-Arbeit durchaus pandemiefest ist: Die Präsenz wegzulassen und digital zu reflektieren, funktioniert. Dennoch ist gerade auch die Förderung von gemeinsamen Erlebnissen, z. B. durch Besuche von Gottesdiensten mit der festen Kleingruppe, etwas, das sich zwar auch über das Bildschirmteilen und gemeinsames Schauen von digitalen Gottesdiensten in einer Videokonferenz bewerkstelligen lässt, aber in der Tat auch bei den Jugendlichen nicht im Geringsten an einen Lobpreis-Jugendgottesdienst vor Ort herankommt, der um ein Vielfaches ganzheitlicher mitgefeiert werden kann. Auch das stand mit auf dem Plan: sich in der Kleingruppe für mindestens drei

Veranstaltungen während der gesamten Konfi-Zeit zu verabreden, um gemeinsam einen für sie ansprechenden Jugendgottesdienst zu besuchen und zu reflektieren, der *nicht* in der Gemeinde stattfindet. Hier geht es darum, selbstständig und gemeindeunabhängig Erfahrungen zu sammeln und zu schauen, was der persönlichen Spiritualität eher zusagt, was nicht, und darüber ins Gespräch zu kommen. Denn vermittelte Spiritualität führt nicht nur in eine individuelle Glaubenspraxis hinein, sondern führt zu einer selbst gefühlten, wachsenden und durch die Gespräche kommunizierbar gemachten Spiritualität, die gemeinsames Feiern ermöglicht bzw. damit in einer befruchtenden Wechselwirkung steht.

2 Feier-Abend – Jugendgottesdienste und liturgisches Lernen

Nicolas Budde und Alexander Remler

1 Glauben feiern

Mittwochnachmittag, kurz vor fünf. Gleich beginnt die Konfi-Zeit in Kladow – die Konfirmand*innenarbeit, die von den beiden ortsansässigen Gemeinden im Süden des Berliner Bezirks Spandau gemeinsam verantwortet wird. Und nun treffen nach und nach die Jugendlichen ein. Insgesamt sind es rund 40 Konfis und 15 Teamer*innen, ungefähr gleich viele Mädchen und Jungen, die im geräumigen Gemeindesaal im Stuhlkreis Platz nehmen. Sie bewegen sich in gewohnter Umgebung. Sie wissen: Am Mittwochnachmittag gehört das Gemeindehaus ihnen – es ist Feier-Abend. Um fünf Uhr stimmen die beiden Pfarrer den Kehrvers aus dem Lied »Komm, Heilger Geist« an (vgl. Singt Jubilate Nr. 26, S. 34. Text: Klaus Okone, Joe Raile). Das Team stimmt mit ein, dann folgen die Konfis. Alle kennen Text und Melodie. Der Gesang eröffnet die Andacht, die am Anfang jedes Kurstages steht. Sie dauert fünf Minuten, höchstens zehn, mit einem Impuls und einem Lied, stets mit einem biblischen Bezug. Gleich am Anfang wird deutlich: Wir feiern.

Gottesdienste werden »gefeiert«, heißt es. Wenn Jugendliche dann den Gemeindegottesdienst am Sonntagvormittag erleben, sind sie enttäuscht: »Moment mal, das soll hier die Feier sein?« Gottesdienste sind der Lebenswirklichkeit von Jugendlichen fremd. Das ist nicht weiter verwunderlich. Und doch soll der Gottesdienst als Zentrum des gemeindlichen Lebens nach unserer Überzeugung im Leben der Jugendlichen eine Bedeutung bekommen. Also: Wie lassen sich die beiden Welten verbinden? Einfach mal feiern! Im Buch »Gestalteter Glaube« entwerfen Bärbel Husmann und Thomas Klie ein Modell für den KU, das sich grundsätzlich am liturgischen Aufbau des Gottesdienstes orientiert. Diese Ausgangsidee hat uns überzeugt: Gottesdienst kann für Jugendliche nur dann an Bedeutung gewinnen, wenn das, worum es dort geht, auch in ihrem Leben eine Relevanz hat. Religiöse Themen und Fragen sind den Jugendlichen nicht fremd. In Lieblingsbüchern und Filmen sind sie präsent. In Lieblingsliedern wird davon gesungen. Täglich beschäftigen sich Jugendliche mit den großen Themen des Lebens, mit dem, was uns als Menschen »unbedingt angeht« (Paul Tillich), also mit dem, was auch im Gottesdienst Ausdruck findet. Die Konfi-Zeit greift das auf – und deshalb wird bei jedem Treffen zunächst »gefeiert«. Die theologische Grundlage der Arbeit mit Jugendlichen bildet unsere Überzeugung, dass der Glaube der Jugendlichen bereits vorhanden und ernst zu nehmen ist. Sie brauchen keine fertigen Erklärungsmodelle, sondern Räume zum Nachdenken, Diskutieren und Feiern. Auf der Suche nach transzendenten Erfahrungen möchten wir sie unterstützen und an religiösen Handlungen beteiligen, sodass sie sich als Subjekte des eigenen Glaubens zu verstehen beginnen.

2 Vorbereitung

Die Grundidee ist, den Kurs in der Vielzahl seiner Themen anhand der Liturgie des agendarischen Gottesdienstes zu gestalten und gleichzeitig seine Relevanz für die Lebenswirklichkeit der Jugendlichen herzustellen. Kurz: Die Jugendlichen sollen die Möglichkeit bekommen, mitzufeiern. Die Übersicht zeigt, dass wir die einzelnen liturgischen Elemente zunächst einem Thema zuordnen. Im Themenplan ist die Möglichkeit für die Jugendlichen vorgesehen, »Wunschthemen« zu benennen und selbst in die Gestaltung und Themensetzung des Kurses eingreifen zu können. Die Kategorie »Wunschthema« stellt dabei jedes Mal eine echte und zugleich schöne Herausforderung für uns Leitende dar.

3 Übersicht der Themen

Die Jugendlichen lernen nicht nur die Liturgie kennen, sondern gestalten Gottesdienste an Stationen des Kirchenjahres mit. Darüber hinaus bilden regelmäßige Jugendgottesdienste eine Ergänzung für den Kurs. Die Kasualie »Taufe« ist an einem Übernachtungswochenende (in einer Kirche) Thema, um am darauffolgenden Morgen einen Taufgottesdienst zu feiern, in dem Konfis getauft werden. Wir reden nicht nur über die Taufe, sondern wir feiern Taufe. Die Themen des Kurses im Überblick:

Liturgische Station	Thema
Gottesdienst (Liturgischer Gruß)	Gemeinschaft
Gottesdienst (Musik)	Ausdruck des Seins
Jugendgottesdienst	
Gottesdienst (Gebete)	Beten
Gottesdienst (Kyrie)	Gerechtigkeit
Wunschthema	
Jugendgottesdienst	
Gottesdienst zum Buß- und Bettag	
Gottesdienst (Lesung)	Bibel
Weihnachtsgottesdienste und Krippenspiele	
Gottesdienst (Bekenntnis)	Glauben
Gottesdienst (Vaterunser)	Vaterunser
Jugendgottesdienst	
Wunschthema	
Gottesdienst (Segen)	Geborgenheit
Kasualien (Trauung)	Formen der Liebe
Ostergottesdienste	
Kasualien (Taufe)	Gemeinschaft
Kasualien (Beisetzung)	Tod und Leben
Friedhofsbesuch	
Wunschthema	
Konfirmation	

4 Jugendgottesdienste

Jugendliche gestalten Gottesdienste in einem geschützten und bekannten Umfeld. In der Regel finden die Jugendgottesdienste am Freitagabend statt. Dabei erleben sie, was zur Vorbereitung eines Gottesdienstes gehört und wie dieser dramaturgisch inszeniert werden kann. Sie verbinden Themen des Glaubens mit ihrer Lebenswelt. Sie sind frei in der Wahl des Themas, arbeiten die gottesdienstlichen Texte und Handlungen eigenständig heraus und werden von Teamer*innen und Leitenden unterstützt. Auf diese Weise entstehen jugendgemäße Gottesdienste zu unterschiedlichen Themen:

Star Wars – Der Auserwählte
Twilight – Seele und ewiges Leben
Die Tribute von Panem – Hoffnung und Befreiung
Queen – Der Herr sieht das Herz an
Tintenherz – Die Macht der Wörter
Spiderman – Verantwortung übernehmen

Oftmals spielen wir in den Jugendgottesdiensten Musikstücke oder Filmausschnitte ein, um das Thema zu veranschaulichen, wobei urheberrechtliche Rahmenbedingungen zu beachten sind. Die ausgesuchten Szenen laden zur Vertiefung ein und werden von den Jugendlichen kommentiert, die Liedtexte mit dem Beamer auf die Leinwand projiziert. Wichtig ist die intensive Vorbereitung der Gottesdienste. Die Jugendlichen bekommen mehr Sicherheit, wenn sie wissen und üben, was ihr Part ist. Die Texte schreiben sie selbst. Sie verwenden ihre Worte und imitieren keine geprägte gottesdienstliche Sprache. Die Technik muss im Vorfeld sorgfältig geprüft werden. Die musikalische Gestaltung ist für Jugendliche wichtig. Bei uns ist eine Jugendband entstanden, die durch ihre Auftritte die Gottesdienste bereichert.

5 Ablauf einer Einheit – Beispiel: Segen

Grobziel: Die Konfis lernen Segen/Segnen kennen und entwickeln eine Verknüpfung des liturgischen Vollzugs mit eigenen Vorstellungen vom Sitz im Leben, indem sie verschiedene biblische Segenshandlungen kennenlernen. Wir befähigen sie, die Symbolik des Segens als Teil biblischer Verkündigung zu erkennen und sich die Bedeutung zu erschließen. Darüber hinaus lernen sie so, die verschiedenen Segenshandlungen zu verstehen und in einem Probehandeln an sich selbst zu erfahren. Die ausgewählten biblischen Segenssprüche bieten unterschiedliche Perspektiven auf den Segen an. Sie bewegen sich zwischen einem klassischen

Segen wie in Numeri 6,24–26: »Der Herr, segne dich ...«, einem persönlichen Segen wie in Josua 1,5: »Ich lasse dich nicht im Stich« oder einem Wunsch: »Ich wünsche euch Gnade und Frieden von Gott« (Römer 1,7b).

16.45 bis 17.00 Uhr – vor der Konfi-Zeit: Die gemeinsame Zeit beginnt vor dem offiziellen Beginn mit dem Eintreffen der Konfis. Wir begrüßen sie und knüpfen an vorangegangene Gesprächsgänge oder ein gemeinsames Erlebnis an. So herrscht von Beginn an eine ungezwungene Gesprächsatmosphäre, eine wichtige Voraussetzung für die Arbeit im Anschluss.

17.00 bis 17.10 Uhr – Eröffnung: Wir starten unsere Einheiten mit der Andacht (s. o.). Am Anfang steht der Liedruf »Komm, Heilger Geist«, der Wortteil wird mit Votum und Salutatio eröffnet. Nach einer kurzen, freien Begrüßung führen wir mit einer lebensweltlichen Erzählung oder Anekdote auf einen Pop- oder Rock-Song hin, den wir anschließend laut über eine Musikbox abspielen. Damit schlagen wir eine Brücke zu biblischen Themen. Alltagserfahrungen werden mit liturgischem Erleben verknüpft. Nach der Musik folgt ein biblischer Text, an den sich ein Impuls oder ein weiterführender Gedanke anschließt. Die Andacht beenden wir mit einem bekannten geistlichen Lied aus dem EG oder aus »Singt Jubilate« (EG-Ergänzungsband der EKBO), das wir passend zum Thema der Einheit oder zum Kirchenjahr aussuchen.

17.10 bis 17.15 Uhr – thematische Einführung: Derart liturgisch eingestimmt entfalten wir das Thema. Heute: Segen. Als Leitende treten wir in freier dialogischer Rede auf, bei der wir uns im Wechsel der Sprechenden »die Bälle zuwerfen«. Mit den Jugendlichen gemeinsam wird herausgearbeitet, welchen »Sitz im Leben« der Segen haben könnte. Dazu treten abwechselnd und auf unser Zeichen hin verschiedene Teamer*innen nach vorn und lesen eine Segenskarte vor. Auf den Karten sind bekannte und unbekannte Segensformeln verzeichnet, die von »Gesegnete Mahlzeit« über »Gott behüte dich« und »C + M + B« bis hin zu Redewendungen wie »Der Haussegen hängt schief« reichen.

17.15 bis 17.18 Uhr – Gruppeneinteilung schnell, gerecht und effektiv: Teamer*innen leiten die Gruppeneinteilung an, indem die

Konfis von eins bis fünf durchzählen, sodass sich fünf Gruppen bilden, die von jeweils zwei Teamer*innen begleitet werden.

17.18 bis 18.00 Uhr – Stationenarbeit: Wir verstehen unter dem Segen einen Wunsch, der häufig von einer symbolischen Handlung begleitet wird und nach der Vorstellung der Person, die ihn äußert, entweder aus sich selbst heraus oder durch das Wirken Gottes für das Gegenüber zum Guten wirksam werden soll. Nachdem die Konfis in Gruppen eingeteilt worden sind, ziehen sie von Station zu Station und erfahren in einem gestalteten Erlebnisparcours verschiedene Segensformen in unterschiedlichen Kontexten:

Station 1: Segen sehen

Filmische Szene: Filmausschnitt vom Kirchentag. Im Anschluss erzählt ein*e Teamer*in als Erfahrungsbericht, wie er*sie eine Segenshandlung in einer großen Gemeinschaft erlebt hat. Danach wird in der Gruppe thematisiert, was die Konfis empfunden haben, als sie den Segen gesehen haben. Dabei spielt das Nachfragen eine wichtige Rolle.

Station 2: Segen hören

Biblische Lesung: Ein*e Teamer*in spricht den Konfis einen biblischen Segen zu, zum Beispiel Numeri 6,24–26, Genesis 12,2 o. ä. Nach dem gesprochenen Segen wird in der Kleingruppe besprochen, ob und wie der Segen gewirkt hat. Im Gespräch ist ausschlaggebend, dass der Zuspruch entscheidender ist als die Worte. Gleichzeitig merken die Jugendlichen, dass auch die Fremdheit der biblischen Sprache Segen fördern kann, wenn eine Beziehung entsteht.

Station 3: Segen global

Sprachverwirrung: Teamer*innen sprechen die gleichen Segensworte in unterschiedlichen Sprachen, um die universale, über das Gesprochene hinausgehende Wirkung des Segens zu verdeutlichen. Der Austausch erfolgt nach einer kurzen Stille: Woran liegt es, dass ein Segen ankommt (oder auch nicht)?

Station 4: Segen fühlen

Berührung: Teamer*innen salben Konfis mit Salböl. Nach dieser Station findet bewusst kein Austausch statt. Es steht die sinnliche Wirkung der Segnung mit Salböl im Vordergrund. Daher gibt es im Anschluss die Möglichkeit, der Salbung für einige Momente nachzuspüren, bevor es zur nächsten Station weitergeht. Allerdings ist es wichtig, zu erwähnen, dass die Salbung manchmal sehr intensiv erlebt wird und dabei Gefühle freigesetzt werden. Als Leitende haben wir hier die Aufgabe, die Situationen wahrzunehmen und die Jugendlichen begleitend »aufzufangen«.

Station 5: Selbst segnen

Teamer*innen überlegen mit Konfis unterschiedliche Segensgesten und probieren sie aus. Im Anschluss tauschen sie sich darüber aus, welche Gesten wie bzw. besonders gut wirken und woran das liegen könnte.

18.00 bis 18.01 Uhr – Vaterunser: Egal, an welchem Punkt unserer Einheit wir sind, grundsätzlich lassen wir uns in unserer Konfi-Zeit vom 18-Uhr-Läuten der Kirchenglocken kurz unterbrechen, lassen alles stehen und liegen, stehen gemeinsam auf und beginnen ohne weitere Ankündigung oder Hinführung, gemeinsam laut das Vaterunser zu beten.

18.01 bis 18.45 Uhr – Konfis segnen Konfis: Konfis suchen sich selbstständig eine*n Partner*in. Teamer*innen gehen mit einer Lostrommel herum, in der gefaltete Zettel liegen, auf denen verschiedene Segensformeln notiert sind. Diese dienen als Anregungen, nun selbst einen »eigenen« Segen zu verfassen. Nachdem sie das gemacht haben, sprechen sie sich gegenseitig den Segen zu. Die persönlichen Segen runden das Thema ab und werden nicht weiter besprochen. Die Jugendlichen werden aber vorher sensibilisiert, das Segnen ernst zu nehmen und ihrem Gegenüber als »Geschenk« zuzusprechen. Die konzentrierte Stimmung und Ernsthaftigkeit dieses Momentes ist ein Erlebnis, eine Feier.

18.45 bis 18.55 Uhr – Organisatorisches: Im Plenum sprechen wir über Termine und Veranstaltungen der nächsten Tage, treffen Verabredungen und beantworten Fragen.

18.55 bis 19.00 Uhr – Gebet, Segen, Verabschiedung

6 Fazit

Gottesdienste zu feiern, ist viel schöner, als darüber zu sprechen. Und so ist unsere Konfi-Zeit am Mittwochabend ein Feier-Abend, die Jugendgottesdienste am Freitagabend sind Feier-Abende – und am Sonntagvormittag wird sowieso gefeiert. Das kann und soll auch Spaß machen. Es beeindruckt uns, wie Jugendliche Andachten und Gottesdienste mitfeiern, sich einbringen und Anteil nehmen, sobald sich ihre lebensweltlichen Interessen mit den liturgischen Themen des Gottesdienstes verschränken. Wenn sie den Gemeindegottesdienst für sich erschlossen haben, beginnen sie, einzelne liturgische Elemente mit Engagement zu gestalten, eigene Jugendgottesdienste zu entwerfen und Verantwortung für Veranstaltungen in der Gemeinde zu übernehmen. Gottesdienste und Konfi-Zeiten werden gemeinsam vorbereitet. Aus der Vorbereitung eines Gottesdienstes ergeben sich neue Themen, die wir dann im Konfi-Kurs vertiefen. Damit verfolgen wir den Ansatz, durch pädagogisch reflektierte und verantwortete Arbeit den Jugendlichen christliche Glaubenspraxis so nahezubringen, dass sie sich auch nach der Konfi-Zeit in diesem Glauben und in der Gemeinde zu Hause fühlen. »Liturgie zu spielen, liegt in der Natur der Sache«, schreiben Bärbel Husmann und Thomas Klie im Buch »Gestalteter Glaube« (Göttingen 2005, S. 21). Liturgie wird im Vollzug erfahrbar. In der Feier entfalten sich Gottesdienste und Gemeinschaft. Genau darum geht es uns in der Konfi-Zeit.

3 Zwischen »Jupheida« und »Krawumm« – unterwegs mit Wertvollworten und Konfirmationsgottesdienst

Claudia Neuguth

1 Idee

Schon eine ganze Weile hängt die Karte an meinem Kühlschrank. »Ausdauer« steht darauf. Jeden Morgen sehe ich sie, manchmal drehe ich sie um. Auf der Rückseite ist das Wort aus Psalm 37,7 abgedruckt: »Sei ruhig in der Gegenwart des Herrn und warte, bis er eingreift.« Öfter habe ich die Karte den ganzen Tag lang in der Hosentasche getragen. Mittlerweile habe ich Bild und Ton so vor Augen und Ohren, dass die Karte am Kühlschrank und ihre Botschaft mich auch unterm Tag manchmal anspricht: »Warte mal. Lass mal. Wird schon, auch ohne deinen Stress.« Manchmal frage ich mich, ob ich sie damals oder sie mich ausgesucht hat. Die Karte ist mir in einem Ideenbuch zur Konfi-Arbeit wiederbegegnet (Dieter Niermann, Aktion Wertvoll-Wort, in: Spaß an Konfirmandenarbeit, 2013, S. 89 ff.) und mit ihr eine Fülle von Worten, Ansagen, Anregungen und Anstößen. Besonders schön ist, dass ich mir die Worte nicht mehr ausdenken und zusammenstellen muss. Es gibt »Wertvollwort. Die Bibel« von Eva Jung in verschiedenen Ausführungen, sowie andere Kartensätze ähnlicher Machart, ggf. auch im Modernen Antiquariat. Die ansprechende Aufmachung und die Schlichtheit des Materials verführen dazu, die Karten in verschiedenen Kontexten auszuprobieren: bei den Senior*innen, den Mitarbeiter*innen der Gemeinde und auch den Konfis. Die Konfis sollten die Gelegenheit haben, sich ihr »Wertvollwort« zu suchen (oder sich von ihm finden zu lassen) und mit ihm auf die Reise zu gehen. Wir haben die Wertvollworte auf die Konfi-Fahrt mitgenommen und sie die Tage der Jugendlichen begleiten lassen. Die meisten Konfis wählten »ihr« Wort zum Konfirmationsspruch. Am Ende wurden die Worte als Lichtworte im Konfirmationsgottesdienst in Szene gesetzt.

2 Das haben wir uns gedacht

Die Wertvollworte sollten Gelegenheit bekommen, die Konfirmand*innen eine Zeit lang zu begleiten und in unterschiedlichen Situationen zur Sprache zu kommen. Vieles haben wir vorher überlegt, z. B. die Karten nach Hause zu schicken, ausgesucht von Teamer*innen und Pfarrerin (Was sagt ihr morgens dazu, was am Abend nach dem Tag?); die Karten (und Worte) am Konfi-Samstag selbst aussuchen zu lassen und in verschiedenen Stationen für sich verständlich zu machen? Ganz viel Verschiedenes ist möglich. Wir haben uns dazu entschieden, dass die Worte uns auf einer Konfi-Freizeit begleiten. Kein anderes »Thema« sollte im Mittelpunkt stehen, dafür aber ganz viel Erleben: Mit einer Gruppe von 12 Konfirmand*innen verbrachten wir ein Wochenende in Berlin mit Kirchenführung in der Kaiser-Wilhelm-Gedächtnis-Kirche (einschließlich des zwei Meter breiten Zwischenraumes zwischen den blaubunten Fenstern), Pergamonmuseum, Bowling, Burger und Spielen. In unterschiedlichen Erlebnisräumen klangen die Worte immer anders und ganz neu. Dazwischen gab es Aufgaben und Impulse für die Konfis, die dazu anregen sollten, sich ein Wort zu suchen und sich damit auf den Weg zu machen. Die gewonnenen Impulse und erarbeiteten Bilder haben im Konfirmationsgottesdienst eine Rolle gespielt: als Konfirmationssprüche, im Psalm, als Leuchtworte an verschiedenen Stellen, in der Predigt, als Impulse zwischendurch.

3 Was es braucht

Es braucht »Wertvollworte« in ausreichender Anzahl. Damit jede*r auch wirklich eine Auswahl hat, sollten die Worte mehrfach vorkommen (bei einer Teilnehmer*innenzahl von 12 Konfirmand*innen und zwei Teamer*innen habe ich zwei Kartensätze je zweimal bestellt). Überzählige Karten sind nicht verschwendet, sondern können gut weiterverwendet werden. Wir haben im Konfirmationsgottesdienst lange Leinen mit »Wertvollworten« zum Mitnehmen aufgehängt. Ansonsten braucht es Orte und Gelegenheiten, mit den Worten ins Gespräch zu kommen. Das geht fast überall. Je nach

Impuls braucht es weitere Materialien: Natürlich eine Bibel (am besten die eigene der Konfis, damit sie reinschreiben und -malen können, eine Kiste mit »Keller-Büro-Naturmaterial« und ein Handy mit Kamera pro Konfi (bzw. Gruppe) (Informationen siehe im folgenden Abschnitt 4). Für den Gottesdienst haben wir Leuchtkästen verwendet, die es im Handel gibt und die mit Worten beschrieben werden können. Wenn mehr Zeit vorhanden ist und handwerkliches Interesse in der Gruppe besteht, können auch leuchtende Worte aus Holzplatten selbst hergestellt werden. Dazu braucht man Spanplatten (oder anderes dünnes Holzmaterial), Lichterketten, Stichsägen und Menschen, die gut und sicher damit umgehen und die Konfirmand*innen anleiten können.

4 So haben wir es gemacht – so könnte man es auch machen

Arbeit mit den Worten

Die Arbeit mit dem Medium »Wertvollwort« bietet viele unterschiedliche Möglichkeiten und hängt sehr von der Gruppe ab. Unsere Konfirmand*innen haben mit den Karten gearbeitet, nachdem sie ein knappes Jahr als Gruppe unterwegs waren. Es herrschte eine vertrauensvolle Atmosphäre, deshalb waren auch Übungen möglich, bei denen sich die Konfirmand*innen gegenseitig Worte zudachten und miteinander Worte darstellten. Im Folgenden sind einige Anregungen gesammelt, vieles andere ist möglich. Die Impulse können gut über die Tage/Tageszeiten verteilt und an Situationen und Stimmungen angepasst werden.

Ein erster Zugang

Die Karten werden mit den Schlagworten nach oben auf Tischen in der Mitte des Raumes so verteilt, dass alle Konfis bequem Platz haben. Die Jugendlichen werden eingeladen, sie anzuschauen, aufzunehmen und die Bibelverse darunter zu entdecken. Nach einer Zeit werden die Konfis gebeten, die Worte zu clustern: Was passt zusammen? Es gibt Diskussionen, gemeinsame Entscheidungen, Einzelmeinungen und ein sich veränderndes Bild auf dem Tisch.

Mal andersherum
Jede*r hat verstanden, dass die Schlagworte die Bibelverse bebildern bzw. zusammenfassen. Jetzt werden die Bibelverse aufgedeckt und vermischt. Die Konfis werden eingeladen, in Kleingruppen Verse auszuwählen und (ohne nachzusehen) Schlagworte dazu zu finden und in der großen Gruppe vorzustellen.

Ein Angebot
Die Wertvollworte liegen auf dem Tisch, wieder mit den Schlagworten nach oben. Die Konfis suchen Worte für andere Konfis aus. Vielleicht fällt eine*r durch besonderen »Durchblick« auf (oder bräuchte ihn)? Schön, wenn eine Gruppe so gut läuft, dass die Jugendlichen einander ein »Grandios« zudenken können. Hilfreich ist es, eine Formulierung vorzuschlagen: »Bei dieser Karte denke ich an dich, weil … Kannst du sie annehmen?«

Meine Karte
Nach einigen Übungen und Impulsen haben viele Konfirmand*innen schon eine innere Auswahl getroffen: eine Karte, an der sie mit den Augen oder in Gedanken immer wieder hängen bleiben. Jetzt haben sie Gelegenheit, sich ihre eigene Karte auszusuchen. Wichtig ist dabei, dass beide Seiten der Karte angeschaut werden. Wer sich nicht entscheiden kann, darf die Hilfe der Gruppe in Anspruch nehmen. Jede*r begründet kurz die Entscheidung. Der*Die Leitende achtet darauf, dass der Bibeltext eigenes Gewicht hat. »Das ist der Vers, mit du dich auf den Weg machst!«

Wo bin ich?
Die Konfirmand*innen suchen in einer freien Arbeitsphase in ihrer Bibel (am besten in einer gut lesbaren Übersetzung) nach dem Vers. Sie versuchen, ihn einzuordnen: Was erfahre ich über den Text? Sie gliedern die Perikope, vielleicht mit Farben. Leitende und Teamer*innen setzen sich je einzeln zu den Konfirmand*innen und kommen mit ihnen ins Gespräch darüber, was sie gelesen haben und was ihnen aufgefallen ist, klären Fragen und tragen vielleicht eigene Impulse bei.

Ausstellung

Die Konfirmand*innen setzen »ihre Karte« – Wort und Vers – in Szene mithilfe von bunt zusammengesuchten Materialien aus einer Kiste. Hier kommt alles infrage, was man in einer Gemeinde zusammensuchen kann: Stifte und Papier, Wolle, Naturmaterialien, Holzkegel, Figuren, Tücher, Kerzen usw. Wie kann bildlich deutlich werden, was die Karte mir sagt? Die Konfirmand*innen gehen durch die fertige »Ausstellung« und betrachten die Szenen. Hinterher stellen sich alle zu ihren Kunstwerken und es können Fragen gestellt oder Anmerkungen gemacht werden. Die Szenen sollten fotografiert und die Materialien je einzeln verpackt werden. Am Tag vor der Konfirmation können die Jugendlichen in oder vor der Kirche ihre Ausstellung noch einmal aufstellen, wenn Platz und Zeit es zulassen.

Standbilder stellen

In Kleingruppen (drei bis vier) kommen die Jugendlichen zusammen und suchen eines ihrer Worte aus. Sie bauen es zu einem Standbild und präsentieren es der Gruppe. Die anderen Konfirmand*innen geben den »Eingefrorenen« eine Stimme und sagen einen Satz, den sie sagen könnten. Danach überlegen alle, welches der Worte (ihrer Gruppe) sie dargestellt haben könnten.

Worte auf dem Weg – Andacht

Wir haben unsere Worte auf einer Konfi-Freizeit gesucht und gefunden. Die Jugendlichen wurden aufgefordert, bei Ausflügen ihre Karten mitzunehmen. An besonderen Orten und in besonderen Situationen machten wir eine kurze Pause und ein*e Konfirmand*in wurde aufgefordert, ihre Karte zu zeigen, das Wort und den Vers zweimal langsam zu lesen. Wenn die Leitenden die Worte der Jugendlichen gut im Kopf (oder auf einem Zettel) haben, kann der Text direkt in die Situation sprechen oder es können Spannungsräume entstehen. Vielleicht bieten sich bestimmte Karten auch morgens oder abends oder zum Mittagsgebet an? Zwischendurch haben die Jugendlichen immer wieder Zeit mit »ihrem« Vers: Sie werden aufgefordert, ihn aus der Tasche zu nehmen, leise zu lesen und zu überlegen, ob er ihnen heute schon etwas sagen konnte oder ob er sich für sie verändert hat.

Fotos vom Weg
Die Konfirmand*innen bewegen sich (nach verabredeten Regeln) in Kleingruppen eine Zeit lang durch die Stadt/den Stadtteil/den Ort. Auf dem Weg überlegen sie, wie sie ihre Karte fotografisch umsetzen können, und schicken ein Bild ihrer Idee an die*den Leitende*n oder laden es in die KonApp hoch. Die Fotos können im Gottesdienst eine Rolle spielen (auf Einverständnis ist zu achten).

In meinen Worten
Je nach Gruppe kann es gegen Ende des Projektes gelingen, einen kurzen Text verfassen zu lassen. Die Fragestellung kann je nach Konfirmand*in variieren: Was bedeutet mir der Text? Wie würde ich das, was er sagen will, heute sagen? Wo ist er mir in den letzten Tagen/Wochen/Jahren begegnet? Warum habe ich ihn ausgesucht? Hilfreich kann die Vorgabe einer Form sein (Tagebucheintrag, Elfchen u. a. m.).

Dein Wort ist meines Fußes Leuchte und ein Licht auf meinem Weg
Dieser Vers bietet sich als Leitvers für den Konfirmationsgottesdienst an. (Auch außerhalb dessen kann natürlich damit die Bedeutung des Bibelwortes für Menschen herausgearbeitet werden.) Es bietet sich an, zu dem Lichtsymbol handwerklich tätig zu werden. Dazu können die von den Konfirmand*innen ausgesuchten Worte je in eine (dünne) Holzplatte gesägt werden, die durch Abstandhalter entfernt vor eine zweite Holzplatte geschraubt wird. In den Zwischenraum wird eine Lichterkette gesteckt, sodass das Wort hinterleuchtet wird. Wenn weniger Zeit (oder Kapazität) vorhanden ist, kommen auch Leuchtkästen bei den Konfirmand*innen gut an. Diese können als Überraschung bei der Konfirmation mit den Schlagworten versehen eine Rolle spielen und als Geschenk mit nach Hause gegeben werden.

Der Konfirmationsgottesdienst
Die Bausteine, die wir für den Konfirmationsgottesdienst gewonnen haben, variieren natürlich je nach Gruppe. Auch hier gibt es eine Vielzahl von Möglichkeiten. Vor oder nach dem Gottesdienst kann die Gottesdienstgemeinde eine Ausstellung besuchen: Auf Stelen

(vielleicht dicke Holzstämme oder mit Tüchern dekorierte Kisten) stehen die Collagen der Jugendlichen. Wenn es sicher ist, kann je eine Kerze dazugestellt werden. Falls entstandene Fotos nicht die Predigt bebildern können, können sie in einer Schleife vor, nach oder während eines Musikstücks im Gottesdienst zu sehen sein. Die Konfirmationssprüche können zur Psalm-Collage gearbeitet werden. Den Kehrvers bildet Psalm 119,105: »Dein Wort ist meines Fußes Leuchte und ein Licht auf meinem Wege.« Die Lichtworte (ausgesuchte Worte auf Leuchtkästen) können den Gottesdienst erhellen. Sie werden angemacht, wenn das dazugehörige Bibelwort im Psalm gelesen wird und auf einen separaten, aber gut sichtbaren Tisch gestellt. Während verschiedener Stellen im Gottesdienst werden je die passenden Worte auf den Altar gestellt: Bei uns leuchtete u. a. »Bereit« beim Orgeleingangsstück, »Mjam« zum Abendmahl und »Bitte schön« zu Sendung und Segen. Falls eigene Texte der Konfirmand*innen entstanden sind, können ausgewählte Stücke gut an verschiedenen Stellen im Konfirmationsgottesdienst zu Gehör gebracht werden. Es muss überlegt werden, ob die Jugendlichen sie selbst lesen oder andere Beteiligte eine notwendige Distanz schaffen. Vielleicht kann (oder soll) nicht alles gelesen werden?! Trotzdem ist es gut, wenn die Texte eine eigene Würdigung erfahren. Vielleicht können Bilder und Texte gesammelt und für alle als Album zusammengestellt werden?

5 Was wir bedenken mussten

Es ist hilfreich, wenn die Konfirmand*innen ihre Karten von beiden Seiten fotografieren, falls sie verloren gehen. Auch für die Übermittlung des Konfirmationsspruches an das Gemeindebüro ist das sinnvoll. Der*Die Leitende sollte einen guten Überblick über die ausgesuchten Karten der Konfirmand*innen haben, um auf sie bei guter Gelegenheit zu sprechen zu kommen (in das blaue Licht der Berliner Kaiser-Wilhelm-Gedächtnis-Kirche passte Psalm 36,10 und der Strike beim Bowling rief nach Zefania 3,17). Es gab Konfis, die zwar ein gutes Wort für die Tage gefunden haben, aber schon einen anderen Vers als Konfirmationsspruch im Kopf hatten. Auch sie sollten einen Leuchtkasten im Gottesdienst haben. Wir haben gemeinsam nachgedacht, welches Schlagwort den Konfirmationsvers treffend zum Ausdruck bringen kann und dieses Wort auf einen leuchtenden Kasten geschrieben. Schief wird es vielleicht dann, wenn der Ablauf des Gottesdienstes sich einem Wort anpassen muss. Sicher, die Worte laufen im Kopf der Vorbereitenden mit. Aber wo sie sich nicht einfügen, sollte die Liturgie vielleicht nicht dahin gepresst und gedreht werden. Für bewusste Schlenker ist in der Predigt Platz (»…und dann frage ich mich: Wohin damit jetzt?«) oder vor und nach dem Gottesdienst (»Champion« zum Fotoplatz, »Anstich« zum Empfang usw.; bei uns passten gerade diese allerdings gut in den Gottesdienst).

6 Warum es gut war

Die Konfirmand*innen nähern sich über einen eindeutigen Reiz (das plakative Wort) dem biblischen Vers. Vermeintlich alte Worte werden schon dadurch aktualisiert, dass sie mit einem modernen Wort in Kontext gesetzt werden. Dadurch trauen Konfirmand*innen (und nicht nur sie) den Bibelworten zu, auch heute aktuell werden zu können. Wenn es gut läuft, machen sie sich ein bestimmtes Wort in verschiedenen Facetten zu eigen und erleben seine Aktualität in unterschiedlichen Situationen einschließlich ihres Konfirmationsgottesdienstes.

7 Was noch geht

Die »Wertvollworte« können ganz hervorragend auch in anderen Arbeitsbereichen genutzt werden. Dazu zweierlei: Ein Text von Paul Roth ist mir begegnet, der gut eine Arbeit mit Senior*innen oder eine interaktive Andacht einleiten kann:

> »Einmal am Tag da solltest du ein Wort in deine Hände nehmen, ein Wort der Schrift. Sei vorsichtig, es ist so schnell erdrückt und umgeformt, damit es passt. Versuch nicht hastig, es zu ›melken‹, zu erpressen, damit es Frömmigkeit absondert. Sei einfach still. Das Schweigen, Hören, Staunen ist bereits Gebet und Anfang aller Wissenschaft und Liebe. Betaste das Wort von allen Seiten, dann

halt es in die Sonne und leg es an dein Ohr wie eine Muschel. Steck es für einen Tag wie einen Schlüssel in die Tasche, wie einen Schlüssel zu dir selbst. Fang heute an! Vielleicht damit: ›Es geschehe dein Wille, wie im Himmel so auf der Erde!‹« (Paul Roth)

Und dann: In der Zeit der Coronapandemie habe ich den Brief als neues Medium entdeckt und alten und jungen Menschen »Wertvollworte« geschickt, als Einladung zum Nachdenken und Antworten oder einfach für den eigenen Kühlschrank.

5 Nachtwache – der Brief für mich

Janika Frunder und Alisa Mühlfried

1 Die Idee

Woran erinnert man sich nach der Konfi-Zeit? Viele ehemalige Konfirmand*innen berichten, dass eine persönliche Erfahrung oder ein Gespräch am längsten im Gedächtnis bleibt. Es sind Momente, in denen man Raum für sich selbst eröffnet bekommt, in denen man gesehen und geschätzt wird.

Mit der Nachtwache soll Jugendlichen das eröffnet werden. An der Schwelle zwischen Nacht und Tag verharren sie allein (oder in Teams) und erhalten einen persönlichen, stärkenden Brief und Zeit zum Nachdenken über sich selbst im Hier und Jetzt, über die Zukunft mit Träumen und Plänen und die Vergangenheit. Sie bewegen sich in dieser Nacht zwischen der Gemeinschaft und dem Alleinsein, zwischen Stillsein und Singen, Sich-Zurückziehen und Gesehenwerden.

2 Organisation

Dieses Projekt ist nicht an eine Gruppengröße gebunden. Je größer die Gruppe ist, desto mehr Unterstützung wird für die Durchführung durch Teamer*innen benötigt. Das Projekt findet einmalig in der Konfi-Zeit statt und bedarf Vorbereitungszeit. Der persönliche Kontakt zu den Konfirmand*innen ist entscheidend, sodass sich ein Zeitpunkt anbietet, wenn die Beteiligten bereits miteinander vertraut sind. Der Ort muss geeignet dafür sein, dass jede*r Konfirmand*in einen eigenen Platz suchen kann, um dort einige Zeit allein zu bleiben.

3 Vorbereitung

Die Durchführung der Nachtwache und die Briefe bieten unterschiedliche Ansätze, die je ihren eigenen Schwerpunkt setzen.
Zu den Briefen gibt es folgende Möglichkeiten:
A. Der Brief an die Konfirmand*innen wird von einem*einer Pastor*in oder einem*einer Teamer*in verfasst. Eine Vertrauensbasis ist unerlässlich, denn Stärken der*des Jugendlichen sollen unbedingt in den Vordergrund gestellt, Schwächen einfühlsam genannt werden dürfen. Ein bestärkender Brief von einer Person, die nicht zur Familie oder Peergroup gehört, kann in diesem Alter Gewicht haben! Es ist zu bedenken, dass der Brief nicht als Bewertung durch eine Autoritätsperson verfasst sein soll.
B. Der Brief wird von einem anderen Konfi geschrieben. Die Jugendlichen untereinander kennen sich oft gut, auch außerhalb der Konfi-Zeit. Der Nachteil daran ist, dass die Konfirmand*innen die Aufgabe unterschiedlich ernst nehmen und umsetzen könnten, was vom Ziel des Projektes abrückt. Auch gibt es Konfis, die sich ausgeschlossen fühlen und bei solchen Aufgaben daran erinnert werden, dass sie nicht »dazugehören«.
C. Die Eltern können einen Brief schreiben. An der Schwelle zwischen Kindsein und Erwachsenwerden kann ein liebevoller Brief der Eltern mit Wünschen und Ideen für ihr Kind berührend und stärkend sein. Auch da ist die Frage, wie gut die Eltern diesen Brief umsetzen können und ob die Jugendlichen sich so einen Brief in dieser Lebensphase überhaupt wünschen.

Das Setting der Nachtwache ist in unterschiedlichen Varianten denkbar. Angedacht ist es für eine Übernachtung:
A. Man nutzt die Osternacht für die Durchführung. Nach einer Eingangsandacht verbringen die Konfirmand*innen Zeit allein mit ihren Briefen und kommen zum Ostergottesdienst am nächsten Morgen wieder zusammen (und treffen möglicherweise auf ihre Familien).
B. Man nimmt die Konfi-Freizeit als Gelegenheit, um die Nacht »durchzumachen«. Alle Konfirmand*innen sind in Fahrtenstimmung, die Gemeinschaft ist aufeinander eingestellt und die

Umgebung gibt es her, einen Abend am Lagerfeuer zu verbringen. Der folgende Tag sollte der Nachbereitung dienen: ausgedehntes Frühstück, Zeit zum Austausch und zum Entspannen.
C. Auch eine Übernachtung in der Kirche oder im Gemeindehaus kann entsprechend gestaltet werden.
D. Mit der Nachtwache kann auf Konfirmand*innentaufen eingestimmt werden. Durch ihre spirituelle Dichte ist sie ein besonderer Abschluss der Vorbereitungszeit.

Die Planung ist aufwendig und benötigt Vorlauf, um eine ansprechende Atmosphäre herzustellen. Jugendliche und Eltern sollten informiert werden, sodass auf Hindernisse (Angst im Dunkeln, mag nicht allein sein u. a. m.) reagiert werden kann, z. B. durch Bildung von Teams.

4 Konkretes/Personal

Die Nachtwache lässt sich nicht allein durchführen, erfahrene Ehrenamtliche und eine Leitung spielen eine wichtige Rolle: Sie kümmern sich nicht nur um den ansprechenden Rahmen, sondern sind in der Nacht v. a. Ansprechpartner*innen für die Konfis. Sie bleiben am Lagerfeuer zurück und bieten einen Anlaufpunkt für alle, die ihre stille Phase abbrechen wollen, sind Gesprächspartner*innen für aufgewühlte Konfirmand*innen und können diesen während der stillen Phase Besuche abstatten.

5 Plan

Wann?	Was?	Wer?	Material
Ca. 4 Wochen vorher	Elternbrief schreiben, Konfis informieren, Teamer*innen suchen/informieren	Leitung der Nachtwache	Elternbrief
Ca. 3 Wochen vorher	Planung der Nacht in 1–2 Sitzungen	Leitung mit Teamer*innen	
Ca. 2 Wochen vorher	Brief an die Konfis schreiben	Leitung, ggf. Teamer*innen	Schönes Briefpapier, Schreibmaterial
1 Woche vorher	Einkaufen, letztes Briefing	Leitung mit Teamer*innen	
Wenige Stunden vorher	Ort herrichten, Lagerfeuer stapeln, Essen vorbereiten	Leitung und Teamer*innen/ Ehrenamtliche	Feuerholz
Beginn der Nacht			
22.00–22.30	Ankommen der Konfis, Begrüßung und Einstimmung	Leitung und Teamer*innen	Lied, Ritual etc.
22:30–23:30	Gemeinsame Mahlzeit kochen	Teamer*innen und Konfis gemeinsam	Zutaten für Essen, Kochgeschirr, Küche
23.30–00.30	Gemeinsam essen	Alle zusammen	Ort für gemeinsames Essen
00.30–01.30	Abwasch, Stockbrotteig, evtl. basteln, erste Teamer*innen zum Feuer schicken	Kleinere Gruppen, Teamer für Feuerwache	Zutaten für Stockbrot, Bastelmaterialen
01.30–02.00	Sich aufbruchfertig machen	Alle zusammen	Isomatten, Snacks, Stockbrotteig und -stöcke, Laternen, Briefe, Gitarre, Tee und Becher
02.00–02.30	Nachtwanderung zum Lagerfeuer	Alle zusammen	

Nachtwache – der Brief für mich

Wann?	Was?	Wer?	Material
02.30–03.00	Andacht	Leitung mit Teamer*innen	Gitarre
03.00–03.30	Aufbruch zum Alleinsein: Briefe verteilen und erklären; nach der Hälfte der Zeit kann besucht werden	Leitung und Teamer*innen	Briefe
03.30–05.00 Sonnenaufgang	Wieder zusammenkommen, Erfahrung austauschen, aufwärmen	Alle zusammen	Snacks und Getränke, Musik, Stockbrot
05.00–05.30	Zusammenpacken und auf den Rückweg machen	Alle zusammen	
05.30–05.45	Abschlussandacht	Leitung	
06.00	Ende der Nacht, gemeinsames Frühstück	Leitung, Teamer*innen evtl. Eltern	Frühstück

6 Durchführung

Im Voraus müssen Eltern und Konfirmand*innen informiert und ggf. eingebunden werden. Die Briefe für jede*n einzelne*n Konfirmand*in sind von der Leitung bzw. Teamer*innen geschrieben worden.

Die Begrüßung vor Ort wird nach bekannten Ritualen durchgeführt, auch ein eigens für die Nachtwache angelegtes Liederbuch kann verwendet werden. Bevor die Gruppe aufbricht, wird gegessen. Während gekocht wird, kann eine Gruppe den Stockbrotteig und andere Verpflegung vorbereiten.

Um vor der Kälte gewappnet zu sein, sollten sich alle Beteiligten warme Kleidung anziehen. Die Smartphones werden eingesammelt und verwahrt. Der Weg zur Feuerstelle kann als Nachtwanderung oder auch als Lichterpfad gestaltet werden.

Am Lagerfeuer folgt eine Zeit der Besinnung: Eine Andacht, leise Musik, eine Zeit des Schweigens. Im Anschluss werden die Briefe verteilt und jede*r Konfirmand*in sucht sich einen Ort, an dem sie*er sich mit Laterne und Isomatte niederlässt. Das darf in Blickweite vom Lagerfeuer sein, aber weit genug weg, um allein zu sein. Der Brief darf nun gelesen werden – er kann stärkende Worte enthalten, aber auch Fragen, die zum Denken anregen. Diese stille Zeit kann ca. eine halbe Stunde (oder länger) dauern und auch Besuche von den Teamer*innen vorsehen. Zum Lagerfeuer kehren bei Sonnenaufgang alle Teilnehmenden zurück und tauschen sich aus, wärmen sich auf und kehren langsam in die Gemeinschaft zurück. Ein Lied oder ein Gebet beenden die Zeit am Lagerfeuer, bevor der Rückweg angetreten wird. Ein Abschluss kann ein gemeinsames Frühstück mit den Familien im Gemeindehaus sein.

Wenn die Nachtwache in der Osternacht durchgeführt wird, findet im Anschluss der Frühgottesdienst statt, der gemeinsam besucht wird. Auch Konfirmand*innentaufen können durchgeführt werden.

7 Stolpersteine

Die Stolperfallen dieser Aktion liegen vor allem in der Vorbereitung. Eine schlecht geplante Nacht bringt mehr Stress als Freude. Die Gruppe der Konfirmand*innen muss eingeschätzt werden: Schafft die Gruppe es, der Nachtwache mit Ruhe zu begegnen? Es liegt auch am Team, diese Stimmung gut zu vermitteln. Die Andacht vor der Zurückgezogenheit sollte entsprechend gestaltet sein.

Die Jugendlichen beschäftigen sich intensiv mit sich selbst, was dazu führen kann, dass es zu emotionalen Ausbrüchen kommt. Dies kann heilsam sein, kann aber auch einen ernsten Hintergrund haben. Seelsorgerische Fähigkeiten im Team sind wichtig.

Eine Nachtwache fordert sowohl von den Durchführenden als auch von Teilnehmenden viel Kraft, dies sollte die Leitung stets im Blick behalten.

8 Pädagogisches Potenzial und Gesamtbewertung

Ziel der Nachtwache ist, den Konfirmand*innen einen Raum zur Reflexion zu bieten. Die Nachtwache bietet einen ausgestalteten Bruch zum Alltag, in dem kaum die Möglichkeit zum Stillwerden, zum Innehalten besteht, weil es immer Ablenkungen oder zu erledigende Aufgaben gibt.

Die Eigenschaften der Schwelle werden zelebriert: Die Gruppenzugehörigkeit wie das Alleinsein. Die verschiedenen Phasen der Nachtwache knüpfen an grundlegende Erfahrungen an – persönliche Gedanken, Reflexion in der Gruppe, Gruppengefühl, Individualität.

Die Wurzeln der Nachtwache liegen zum einen in der Pfadfinderei, wo sogenannte Roverwachen zum Stufenwechsel durchgeführt werden. Gleichzeitig kann sie in Anlehnung an die liturgische Osternacht betrachtet werden, die das Durchwachen bis zum nächsten Morgen mit Andachten verknüpft. Die Nachtwache bietet als Schwellenritual Konfis eine spirituelle Erfahrung in Gemeinschaft, die auf vielfältige Weise gestaltet werden kann.

9 Übertragungsmöglichkeiten

Österliche Inhalte gestalten die Nachtwache im Sinne einer liturgischen Osternacht, dort kann sie auch für ältere Teilnehmende geöffnet werden. Statt einen Brief zu empfangen, könnten die Konfirmand*innen einen verfassen, der ihnen fünf Jahre später zugeschickt wird. Auch ein Brief der Jugendlichen an ihre Familie böte sich an.

In eine andere Richtung geht die Überlegung, die Nachtwache zur Meditation und Entscheidung für einen Konfirmationsspruch zu nutzen. Entsprechende Fragen könnten einen Gedankengang anleiten. Auf ähnliche Weise wäre eine Taufvorbereitung oder -erinnerung denkbar.

6 Wir fangen und feiern Gottesgeräusche!

Bertram Schirr und Sebastian Hocke

1 Idee

Gott geht ins Ohr und geht uns an, ganzkörperlich und emotional. Gottesgeräusche dominieren die Populärkultur: in Ambivalenz von Übermacht und Gewalt, aber auch in Bestärkung und Nähe. Sie sitzen uns schon in Fleisch, Blut und Knochen – nicht nur aus den Kinohits der vergangenen Jahrzehnte. Das Dröhnen von Supermenschen, die Gottes-Energie-Maschine, der unerwartete Twist – sooft es in Film, Fernsehen und Hörspiel transzendent wird, dröhnt es göttlich. Töne zeigen die Grenzen des Ichs und die Offenheit des Körpers für das Eindringen von Klang. In Filmen betonen sie das Nichtwissen der Rezipient*innen. Sie bewirken Erleichterung, Ekstase, Schock, Jammer, Schauer und Plot-Offenbarung – die Substanzen für Feierlichkeiten. Für das BRAAAM-Gottesgeräusch (hörbar im Trailer, s. u.) von Christopher Nolans »Inception« hat der Komponist Hans Zimmer Blechblasinstrumente und Orgel verfremdet und lässt das »Andere« körperlich affizierend aufdröhnen – verstärkt, verfremdet, sprachbefreit. Attraktives Material für eine Feier in der Konfirmationszeit, finden wir. Darum geht es. Und um Instrumente, Gott zu spüren. Gott lässt sich nicht produzieren oder verfügbar machen. Gotteserfahrung ist unverfügbar. Doch hinterlässt sie Spuren wie die Bibel. Wir können uns auf sie vorbereiten und sie erwarten wie Sauls feiernde Prophetiebande (1. Samuel 10,5–11). Gotteserfahrung lässt sich akustisch aufzeichnen und begünstigen: mit mehr Aufmerksamkeit und mit Audio-Technologien, die Fremdheit und anderes Hören unserer Wirklichkeit herauskitzeln. Und schließlich lassen sich Gotteserfahrungen akustisch feiern.

Obwohl Konfirmand*innen Gottesgeräusch-Kompetenz besitzen, fehlt in der Religionspädagogik mitunter die akustische Dimension der Erfahrungen mit Gott. Weil Klang den Körper angeht, wurde er im Protestantismus vielfach zugunsten von Text und Semantik verdrängt und verboten. Gottesgeräusche haben sich trotzdem durchgesetzt. Religiöses Feiern, religiöse Sprache und Dramaturgie gehen auch ohne Text, und das wollen wir hörbar machen. Bei diesem »Wir« kooperieren ein Hörspielmacher, zugleich Autor, Regisseur und Theaterpädagoge, und ein Gemeindepfarrer. Bei all den Gottesgeräuschen – natürlichen, menschlichen, technischen etc. – wollen wir Konfirmand*innen eine Arche für Gottestöne bauen und ihr mit der Veröffentlichung eines digitalen Tonarchivs ein Fest ausrichten. Außerdem wollen wir: 1. mit Gott als Geräusch Gottes- und Menschenkörper wieder ins Spiel sowie Eingeweide und Rückenmark ins Schwingen bringen, wo Text und Sprache herrschen, 2. Technik nachhaltig und spielerisch für neue spirituell-akustische Praxis verwenden, 3. die akustische Dimension der Bibel aufklingen lassen und 4. Gottesgeräusche feiern.

2 Wer hört und klingt da?

Die Einheit ist für eine Gruppe mit 18 Konfirmand*innen in einer mittelgroßen Berliner Gemeinde entworfen worden. Unsere Konfirmand*innen sind größtenteils Gymnasialschüler*innen und haben alle zwei Wochen drei Stunden lang Konfi-Zeit von 16 bis 19 Uhr in einem Gemeindezentrum mit drei Arbeitsräumen und der Kirche. Vier Treffen, mit je einer Stunde Pause gerechnet, also fünfmal zwei Stunden intensive Konfirmandenzeit haben wir für das Projekt bereitgehalten. Sie fanden am Ende der Konfi-Zeit statt.

3 Klangräume schaffen, Klanggeräte beschaffen

Lange haben wir experimentiert, um die richtigen akustischen Werkzeuge zu finden. Aber es braucht nur eins: Diktiergeräte (bzw. Handys mit Aufnahmefunktion). Damit nehmen wir alte, auch pseudoreligiöse Techniken auf, mit denen seit Jahrhunderten nach Zeichen aus dem Jenseits gesucht wurde. Zugleich bleiben wir in protestantischer Nüchternheit bei einem Ding, das optimiert ist, reale Klänge und Stimmen gut festzuhalten. Das Diktiergerät wird uns zur »Lade« für

Gottesgeräusche. Diktiergeräte mit Tape kosten etwa 30 € pro Stück, digitale 20 €. Tape-Geräte lassen mehr Spielerei zu. Dafür lassen sich die Aufnahmen schwieriger digitalisieren. Wir haben sechs digitale Geräte angeschafft. Außerdem braucht es: einen Kirchenraum als Basis-Klangort und akustische Heimat, Arbeitsräume, Laptops oder Computer nach Gruppengröße, die Gratissoftware »Audacity« zum Verfremden und Spielen mit Audiodateien und idealerweise eine Anlage zum Abspielen, an die sich Handys und Diktiergeräte anschließen lassen. Hilfreich sind Ladekabel/Powerbanks für die verschiedenen Smartphones der Konfirmand*innen. Ein Musik-Streamingdienst wäre gut für die Pausenbeschallung. Leitende können sich mit der Dimension von Gender und Stimme beschäftigen und mit der Materialität von Klang – müssen sie aber nicht. Allerdings sollten sie ergebnisoffen bleiben, überzeugt von der Selbstständigkeit und Kompetenz ihrer Konfirmand*innen und bereit, sich in einfache Audio-Software einzuarbeiten. Es dauert nicht lange, bis man mit »Audacity« spielen kann, um Geräusche zu verändern und evtl. zu archivieren z. B. über »WordPress Audio Library«. Der Umgang der Unterrichtenden mit Audio-Technologien wird sich massiv verändern – für Konfi-Arbeit, Religionsunterricht, Gottesdienst und Alltag. Es ist hilfreich, wenn es eine Band gibt, eine*n Kirchenmusiker*in, der*die Technik und/oder elektronische Musik beherrscht sowie Technikbeauftragte für die Benutzung vorhandener Audiogeräte und für das Bearbeiten von Sounddateien. Gold wert sind Teamer*innen, die sich etwas mit Musik-, Audio-/Video-/Schnitttechnik auskennen. Bestimmt gibt es jemanden im Kirchenkreis. Teamer*innen sind das A und O für die Durchführung, auch weil sie ihr Pop-Wissen einfließen lassen können, weil sie technikversiert(er) sind, experimentierfreudig(er) und effizient(er) anleiten und unterstützen.

4 Übersicht über den Verlauf der Einheiten mit Methoden

1. Einheit: Basis – Gottesgeräusche sind überall
Material: Beamer, Leinwand, Notebook, Kerzen, Filmtrailer von:
»Auferstanden«/»Risen«: https://youtu.be/rUYgLpnBKTM und
»Inception«: https://youtu.be/YoHD9XEInc0.

Orgelschlüssel und Orgel,
Textblätter mit 1. Könige 19,11–14, Apostelgeschichte 2,1–13, Offenbarung 4,1–11
Ort: Kirchenraum
Didaktische Intentionen: Die Allgegenwart von Geräuschen, die Übermacht und Göttlichkeit wirksam machen, wird hörbar und diskutierbar. Der Kirchenraum wird als Audiotechnologie für das akustische Erspüren Gottes erlebbar. Die Konfis reflektieren ihr Erleben von tiefgehenden Geräuschen und überlegen, was diese mit Gott zu tun haben. Das körperliche Erfahren wird mit Berichten von Gott als Klang in der Bibel vertieft. Die Gottesklanggeschichten der Bibel werden in der Sprache der Konfis vermittelt, ihre Wirkungen imaginiert und diskutiert. Die Konfis bringen ihre Stimme in den Kirchenraum, erleben sie ggf. als fremd bzw. durch den Raum verfremdet und auch als Gemeinkonstrukt.
Kompetenzen: Die Konfis können beschreiben, wie Audiotechnologie körperlich überwältigend wirkt und Göttliches markiert. Sie können differenzieren und Auskunft geben, welche Geräusche Kirchraum und Gottesdienst wie beeinflussen, und ihre Erfahrung mit Geschichten aus der Bibel in Beziehung setzen, vergleichen und bewerten. Die Konfis können für akustisch wirksame Räume ihre eigene Stimme verwenden und in einen Gruppenklang eingehen lassen. Sie erleben die Gruppe als Klang.

Verlauf
a) Filmvorführung und Plenumsdiskussion (20 Minuten): Filmtrailer sehen und hören; Diskussion – Gottesgeräusche entdecken: Was machen die Geräusche in den Trailern mit euch? Wofür sind sie da? Was machen sie mit der Geschichte?
b) Kirchraumgang (10 Minuten): Gottesgeräusche durch die Orgel im Gottesdienstraum dröhnen lassen.
c) Diskussion im Plenum (20 Minuten): Was hat das mit Gott zu tun? (Evtl. Impuls: Geräusche als Markierung/Wirkung von Göttlichem und als dramaturgisches Mittel)
Pause und Essen mit 80er-Pop (60 Minuten)

d) Gruppenarbeit mit Texten: Gottesgeräusche in der Bibel (30 Minuten):
Kurze Einführung in die Geschichten durch Leitende (10 Minuten)
Kleingruppenaufträge (20 Minuten): Was passiert in unserer Geschichte? Was für ein Geräusch steht im Mittelpunkt? Wie muss das auf die Menschen in der Geschichte gewirkt haben? Wie hat es auf uns gewirkt?
e) Präsentationen der Ergebnisse im Plenum (25 Minuten)
f) »Droning«/Summen (15 Minuten). Auftrag: Wir machen es euch vor. Jede*r singt einen Ton andauernd, jede*r einen anderen und geht dabei durch den Kirchenraum. Zum Schluss kommen alle im großen Kreis zusammen und es entsteht ein gemeinsames Geräusch.

2. Einheit: Auf der Jagd nach Gottesgeräuschen I
Material: Textblätter der Bibelnarrative: 1. Könige 19,11–14, Apostelgeschichte 2,1–13, Offenbarung 4,1–11, Stifte, Flipchart, dicke Filzstifte, Diktiergeräte oder Handys mit Aufnahme-Apps, Ladekabel und Powerbanks, für das Plenum evtl. eine Audioanlage.
Didaktische Intentionen: Die Konfis erarbeiten sich den Zusammenhang von Text, Dramaturgie und Geräuschen. Sie beginnen, kreativ Geräusche zu suchen und einzufügen und so den Text zu verändern. Sie sammeln Effekte, die Geräusche als Teil einer biblischen Geschichte haben können. Die Konfis erleben Stimmen gemeinsam als fremd und tauschen sich darüber aus.
Kompetenzen: Die Konfis können sich in eine Bibelgeschichte hineindenken und sich neue Geräusche vorstellen, die die Narrative ändern. Die Konfis kennen eine Typologie an religiös relevanten Geräuschen, können sich Alternativen vorstellen und sie auf ein Narrativ beziehen. Sie können diskutieren, was warum wie wirkt. Sie können über ihre eigene Stimme als Fremdes reflektieren und sie allein und gemeinsam als Material einsetzen.

Verlauf
a) Gruppenarbeit mit Texten (20 Minuten): Aus den Konfis bilden sich neue Gruppen mit vier bis fünf Teilnehmenden, die

sich auf eine der nun schon bekannten Geschichten aus der Einheit einigen. Aufträge: 1. Sucht euch als Gruppe jetzt einen der bekannten Texte, mit dem ihr bis zum Schluss unseres Projekts arbeiten wollt. 2. Wo tauchen im Text Geräusche auf? Markiert sie! Was würden sie mit euch machen, wenn ihr sie hören würdet? Hättet ihr z. B. Gänsehaut, Angst, Mut, was noch? 3. Was für Geräusche wären dort für euch noch denkbar? 4. Wo könnten im Text noch überall Geräusche auftauchen (z. B. Knall, Flüstern, Husten, Rascheln)? Schreibt sie an die Stellen, an die sie eurer Ansicht nach gehören.

b) Plenumsgespräch (20 Minuten): Wir sammeln gemeinsam auf Zuruf Geräusche und Wirkungen. Die Konfis lesen die zu den Geräuschen gehörenden Stellen in ihren Geschichten vor, um die unterschiedlichen Wirkungen zu illustrieren bzw. zu belegen. Leitende lesen am Ende alle Klänge/Effekte/Gefühle vor und ergänzen evtl.

c) Impulsvortrag (5 Minuten): Wir machen uns auf die Suche nach Gottesgeräuschen, die genauso und noch ganz anders wirken und zu eurem Text passen können. Dazu benutzen wir Diktiergeräte. Einführung in und Test von Diktiergeräten oder Anleiten zum Herunterladen einer Aufnahme-App/App-Funktion eines Messengers.

Pause und Essen mit Spirituals (60 Minuten)

d) Gruppenarbeit: Unsere Stimme – Test 1 (25 Minuten):
Auftrag: 1. Zeichnet auf, wie jede*r einen Satz spricht. Spielt danach die Aufzeichnung ab und besprecht, wie eure Stimme auf euch wirkt.

e) Gruppenarbeit: Verfremden – Test 2 (25 Minuten):
Beispiel: Die Leitenden haben selbst Beispielgeräusche aufgenommen und stellen sie vor. Auftrag 2: Benutzt alle möglichen Gegenstände, Jacken, Tische, Teller etc. und eure Stimmen so schräg wie möglich. Nachher spielt jede*r ein Geräusch vor und die anderen müssen raten, was dafür benutzt wurde.

f) Präsentation im Plenum (25 Minuten): Wer mag, kann sein Geräusch vorstellen und/oder über eine Anlage/Handy abspielen. Die anderen sagen zuerst, was es bei ihnen auslöst, und raten dann, was benutzt wurde, um das Geräusch zu erzeugen.

3. Einheit: Auf der Jagd nach Gottesgeräuschen II
Material: Alles, was zur Hand ist und Geräusche fabriziert: Kochtöpfe, Papier, Tücher, Taschen, Tassen etc., Diktiergeräte/ Handys mit Aufnahme-Apps, Ladekabel und Powerbanks.
Didaktische Intentionen: Die Konfis machen sich in Gruppen auf die Suche nach zunächst naturalistischen Gottesgeräuschen: in allen Räumen und Türmen und Nischen der Gemeinde, auf der Straße, egal wo. Die Konfis diskutieren und wählen ausgefallene Geräusche aus, die das Material für die nächsten Einheiten darstellen.
Kompetenzen: Die Konfis werden hellhöriger für sonst überhörte Geräusche und ihr Potenzial für Transzendenzerfahrung. Über die Sachkompetenz hinweg erweitern sie anhand des akustischen Materials ihre sozialen und persönlichen Kompetenzen durch Zusammenarbeiten und Zusammenhören. Die Konfis können begründen, warum ein Geräusch mehr oder weniger göttliche Gegenwart bei ihnen evoziert, und dieses mit anderen diskutieren und einsetzen.

Verlauf
a) Auf der Jagd (60 Minuten). Auftrag: Sucht mit euren Aufnahmegeräten nach Gott in Geräuschen – egal wo. Nach einer Stunde gibt es Essen.
Pause und Essen mit 90er-Pop (60 Minuten)
b) Gruppenarbeit (30 Minuten): Auswahl der Beute – wo und wie klingt Gott? Auftrag: Wo ist Gott drin? Warum? Besprecht euch als Gruppe und stellt einander die effektvollsten Geräusche vor, die ihr gesammelt habt und die ihr mit Gott verbindet. Überlegt, welche die überzeugendsten sind und wie man sie noch besser einfangen kann. Mindestens ein Geräusch soll jede Gruppe vor allen abspielen.
c) Präsentation und Feedback im Plenum (30 Minuten): Wie wirkt das Geräusch auf mich? Was hat es mit Gott zu tun? Jede Gruppe darf ihr Gerät mit nach Hause nehmen (Handys haben sie sowieso) und über die nächsten zwei Wochen im Alltag Geräusche sammeln, die für sie mit Gott zu tun haben, die bei ihnen etwas bewirken, bei denen sie denken: Da ist Gott drin, da ist Gott dabei.

4. Einheit: Vorbereitung des Hörspielfests
Material: Beamer, Laptop, Audioanlage oder Laptops/Computer, USB-Sticks, Mini-USB-Kabel, Software »Audacity«, Textblätter 1. Könige 19,11–14, Apostelgeschichte 2,1–13, Offenbarung 4,1–11.
Didaktische Intentionen: Die Geräusche werden auf den Laptops in das Programm »Audacity« geladen und können unter Anleitung/Hilfe der Leitenden/Teamer*innen dort nachbearbeitet und geschnitten werden. Die Konfis verfremden oder steigern die Wirksamkeit ihrer Geräusche. Sie lassen ihre Geräusche mit dem Narrativ zusammen wirken. Im Prinzip predigen sie den Text so neu.
Kompetenzen: Die Konfis können gesammelte Klänge auf Effekte hin, die sie mit Gott verbinden, bearbeiten und hervorheben, was die Wirksamkeit steigert. Sie können ein biblisches Narrativ mit einer eigenen Klangwelt versehen, neu inszenieren und reflektieren, welche Kraft Töne für das Lesen und Verstehen biblischer und anderer Texte haben.

Verlauf
a) Lehrvortrag mit Beamer – Crashkurs »Audacity« (30 Minuten): Funktionen, Geschwindigkeit, Tonhöhe, Vocoder, White Noise, Distance, Hall (alles in der Hilfe von Audacity nachvollziehbar).
Pause und Imbiss mit Electro und Ambient (15 Minuten)
b) Gruppenarbeit mit technischer Begleitung – Bearbeiten der »Beute« (80 Minuten): Auftrag: Lest noch einmal jede eurer Bibelgeschichten bis zu der Hauptstelle, an der Gott als Geräusch vorkommt. Bearbeitet und verfremdet dann gemeinsam mit »Audacity« eure Geräusche. Spielt sie oft ab. Lest den Text und spielt an der Geräuschstelle eure Datei ab. Übt das gut. Gebt euch gegenseitig Feedback. Tobt euch aus mit der Datei. Euer Geräusch soll danach so fremd wie möglich und mindestens zehn Sekunden lang sein. Nachher spielen wir die Geräusche als Teil eurer Bibelgeschichten in der Kirche ab.
c) Kleines Test-Hörspielfest Konfis (30 Minuten): Wir üben für die nächste, die finale Feier-Einheit, in der wir die Geräusche auf die Bühne bringen und die Eltern und Gemeinde einladen. Dafür versammeln die Konfis sich in der Kirche. Jede Gruppe

liest ihre Geschichte vom Altar aus vor, pausiert an der Stelle, wo sie Gottesklang-Lücken hat und spielt ihre Gottesgeräusche mit ihren Geräten oder Handys ein. Zum Schluss werden alle Geräusche nacheinander abgespielt und für jedes Geräusch eine Kerze als Schlussgebet und als Würdigung angezündet. Zum Schluss sammeln die Leitenden alle Geräusche, egal ob fertig oder nicht, auf einem Gerät für die Online-Bibliothek und laden sie dort hoch.

d) Reflexion und letzte Überlegungen (20 Minuten): Im Plenum wird reflektiert, was das gerade für jede*n war und was es mit ihm*ihr gemacht hat. Die Konfis wählen dann eindrückliche Geräusche für den Beginn des Fests/liturgischen Rahmen. Wenn möglich, können die Konfis überlegen, welche Gottesgeräusche sie live vor Publikum produzieren könnten und was sie dazu brauchen.

5. Einheit: Hörspielfest

Wir feiern die Hörbarkeit Gottes (ein Eltern- und/oder Gemeindeabend)

Material: Anlage der Kirche, Beamer, Laptop mit Internetzugang, Textblätter, Geräuschaufnahmen der vorherigen Einheiten, Kissen für die Kirchenbänke, evtl. Liegestühle, alles für eine Live-Geräusch-Aufführung.

Ort: Kirche

Didaktische Intentionen: Die Konfis werden Veranstalter*innen und Zeremonienmeister*innen bei einem Hörspielfest in der Kirche. Die Kirche verwandelt sich in ein Haus der Nationen voller Geräusche, eine klangbunte Arche voller Gotteserfahrung.

Kompetenzen: Die Konfis können die erarbeiten Geräusche und Geschichten vor anderen präsentieren, ihren Lernweg wiedergeben, ihre Inszenierungsentscheidungen begründen und live aufführen.

Ablauf des Festivals im Kirchenraum:
a) Vorbereitung und Einlesen, Technikprobe (60 Minuten)
b) Pause und Essen (60 Minuten)
c) Begrüßung und Akustik-Votum mit einem oder drei ausgewählten Gottesgeräuschen, dann Verbalvotum (2 Minuten)

d) Orgeldröhnen mit Erläuterung (Kantor*in oder jemand an der Orgel spielt Orgeleffekte) (3 Minuten)
c) Lesungen der Bibelgeschichten mit den Gottesklängen, unterbrochen von Orgelimprovisationen als Reaktion (15 Minuten)
d) Veröffentlichung der Geräuschbibliothek über Beamer: Abspielen einiger Gottesgeräusche der Konfis und Leitenden über die Anlage der Kirche (5 Minuten)
f_1) Freie Feier: Kirchenbänke mit Kissen, Liegestühle etc. laden zum weiteren Hören und Träumen ein. In der Kirche laufen die Gottesgeräusche der Konfis in der Schleife, unterbrochen von Orgelimprovisationen und Live-Geräusch-Improvisationen, dazu gibt es Getränke und Kekse (20–30 Minuten)
f_2) Optional: Abspielen eines Hörspiels z. B. aus dem freien WDR-Hörspielspeicher (ca. 30–40 Minuten)
g) Abschluss: Die Konfis beenden ihr Fest mit einem gemeinsamen Droning und laden die Teilnehmenden ein, einzustimmen (10 Minuten)

5 Geräusche in Aktion – ein Durchlauf

1. Einheit: Basis – Gottesgeräusche sind überall

Im Kirchenraum ist vor dem Altar eine Leinwand aufgebaut. Davor flackert ein Kreis mit Kerzen: Auch im Kino kann Sakrales begegnen. Zwei Trailer lassen das hören. Der »Auferstanden«/»Risen«-Trailer zeigt die Suche nach Gott im Menschen bis zum Öffnen einer Tür, hinter der wohl Jesus steckt, aber nur ein Geräusch zu hören ist. »Inception« brummt ständig mit demselben Geräusch wie im ersten Ausschnitt. Wir kommen über die Trailer ins Gespräch. Die Konfis verstehen, dass das Geräusch für Mächtiges steht, für Übermenschliches. Sie kennen es aus Filmen und Videospielen und bieten weitere Beispiele an. Wir bitten sie, sich in den Reihen der Kirche zu verteilen. Der Kantor ist da und spielt auf der Orgel erst den höchstmöglichen Ton und dann die volle Bandbreite, am Ende mit Dröhneffekt, sodass die Kirche wackelt – lange, dann: Stille. Wir sprechen darüber, was uns an Klängen zu Hause und im Gottesdienst unter die Haut geht. Wir Leitenden erzählen, dass wir uns manchmal den Heiligen Geist so vorstellen wie das Gänsehautgefühl, dann wenn es in der Kirche brummt und in uns vibriert oder wenn Menschen gemeinsam singen. Die Konfirmand*innen diskutieren, wie solche Geräusche Geschichten dramatisch verändern und sind kritisch, dass man leicht manipuliert werden kann. Wir Leitenden erklären, dass wir auch in der Kirche Technik einsetzen, dass der Raum wie ein Verstärker funktioniert, dass Kirchen Lautsprecher für Gott sein können.

Stolperstein: Dieser Teil ist uns zu vortragslastig geraten, weil wir viel Theorie im Kopf hatten. Wichtiger ist, dass die Konfis zu Wort kommen, ihre Assoziationen und Ideen zur Sprache kommen.

Nach dem Essen gibt es Textblätter mit Gottesklanggeschichten. Ich erkläre die Kontexte der Narrative und dass auch in der Bibel Menschen auf Gott warten und horchen: der Prophet Elia (1. Könige 19,11–14), die Jünger*innen (Apostelgeschichte 2,1–13) und die verfolgten Christ*innen aus dem Kontext der Offenbarung des Johannes (Offenbarung 4,1–11). Sie sind anders aufmerksam als sonst. Sie hören Geräusche, die sie erst einmal mit bekannten Bildern und Geräuschen vergleichen. Doch waren die Geräusche anders, eigentümlich fremd oder vertraut. Die Konfis teilen sich zu den Texten in drei Gruppen ein. Sie ziehen sich in die Arbeitsräume zurück. Nach der Arbeitsphase erklären gewählte Vertreter*innen im Plenum, worum es bei ihrer Geschichte geht und wie unterschiedlich die Geräusche auf sie gewirkt haben – wie Militär, wie Unwetter, wie Sanftmut u. a. Danach nehmen wir uns Zeit: Jede*r geht für sich durch die Kirche und summt einen Ton, der angenehm zu halten ist. Wir Leitenden summen besonders laut, damit sich die Reichweite der Konfi-Töne vergrößert. Zum Schluss dröhnen unsere Stimmen zusammen, füllen den Kirchenraum, ein nicht sprachlicher Spiritualitätsmoment entsteht.

Stolperstein: Dafür braucht es Zeit, weil die Schamschwelle hoch ist. Die Jugendlichen müssen wissen, warum sie da tönen/dröhnen sollen, nämlich um nachher ein großes Ganzes zu bilden. Leitende, die »tragen«, sind empfehlenswert. Möglich ist auch, dass nur im Kreis jede*r einen anderen Ton summt, dann der*die Nächste einen hinzufügt, bis ein Klanggewebe entsteht.

2. Einheit: Auf der Jagd nach Gottesgeräuschen I

Die Konfis finden sich neu in Gruppen von etwa 4–5 Personen zusammen und entscheiden sich für einen Text, mit dem sie länger arbeiten.

Stolperstein: Ihre Geschichten wählen sich die Gruppen eher zufällig. Hier wäre mehr Werbung/Einführung notwendig gewesen.

Sie verteilen sich an Tischen in den Räumen und arbeiten die Aufträge ab. Nach 20 Minuten stellen die Konfis vor, welche Wirkungen die Geräusche in den Bibelgeschichten haben und lesen die entsprechenden Stellen vor – dann berichten sie, welche sie dazu imaginiert haben. Die Leitenden sammeln alle Wirkungen: »Grusel«, »Dunkelheit«, »Wärme« und »Frieden« u.v.a. Ich hole die Kiste mit den Diktiergeräten: »Wir suchen Gott in Geräuschen. Wir jagen Geräusche von Gott und zeichnen sie auf, so wie die Ghostbusters ihr Messgerät einsetzen, um Geister aufzuspüren, oder die Sternenflotten-Leute ihre Tricorder, um die Umgebung zu scannen. Euer Messgerät, euer Tricorder ist ein Diktiergerät. Dafür testen und kalibrieren wir die Geräte zuerst.«

Stolperstein: Es kommt der Einwand, dass wir Gott nicht sinnlich fassen können. Hier ergibt sich die Möglichkeit zum Theologisieren: Lässt sich Gottes Gegenwart spüren, lässt sie sich herstellen? Zumindest das Annähern, ein Sich-Öffnen und Fokussieren im Gottesdienst und Gebet u.a. müssten als Wahrnehmen Gottes angesprochen werden.

Dann geht es an die Stimmtests, zuerst der eigenen Stimme. Die Konfis sind verstört: »So klinge ich doch nicht etwa wirklich, oder?«

Also *Stolperstein:* Die eigene Stimme ist gerade im Stimmbruch schambesetzt. Es ist wichtig, klarzumachen, dass jede*r sich beim Hören einer Aufzeichnung fremd vorkommt. Wir hören uns selbst über innere Kanäle, die anderen hören uns über die Schallwellen aus unserm Mund. Beim zweiten Test geben wir Leitenden Beispiele, bis die Konfis beginnen, experimentell zu werden und Geräusche zu erfinden. Einige mischen Schreie, Flüstern und Klatschen. Eine Gruppe sammelt wirres Geraschel. Die Konfis spielen im Plenum einige der Geräusche von ihren Handys ab und wir finden, dass vor allem das Rascheln und das Atmen in einen Plastikpapierkorb – laut abgespielt – fremd und gruselig wirken. Es wäre gut, jetzt schon die Geräusche abzuspeichern.

3. Einheit: Auf der Jagd nach Gottesgeräuschen II

Diese Einheit ist sehr frei – *Stolperstein:* Vielleicht zu frei. Ein Zwischen-Anspiel nach 1. Samuel 10,5–11 mit der ekstatischen Prophetiebande kann noch mehr motivieren, rahmen und bewusst in Kontrast zu 1. Könige 19 gesetzt werden. Was erwartet Elia, was erwarten die Propheten? Was machen sie, um an Gott heranzukommen? Einige Konfis haben keine Lust, längere Zeit nach Geräuschen zu suchen. Uns ist hingegen wichtig, einen freien, kreativen Prozess anzustoßen. Es braucht Ideen und Impulse von Leitenden und Teamer*innen, wenn Jugendliche frustriert zurückkommen, damit sie wieder losziehen und Neues probieren. Bei vielen springt die Experimentierfreude über. Einige bauen sich kleine Tonstudios aus Kartons, zusammengeklebten Papprollen, Flipchart-Wänden und improvisierten Perkussionsinstrumenten. Die Konfis nehmen ihre Geräte für weitere Aufnahmen mit bis zum nächsten Mal.

Stolperstein: Nur vier Konfis haben weiter aufgezeichnet. Es war gut, viel Zeit während der Konfi-Zeit einzuräumen. Die meisten Konfis verwenden Handys mit Aufnahme-Apps, einige eigene Musikbearbeitungs-Apps. Viele nutzen die Aufnahmefunktion vom Messenger-Service Whatsapp und teilen miteinander Geräusche, die sie sofort kommentieren. So mussten wir eine Teamerin bitten, die hin- und hergeschickten Geräusche und Chatverläufe den Leitenden weiterzuleiten. Das Diktiergerät war als »alte Technik« nicht so reizvoll wie vermutet. Gottes-Geräusche bekamen hingegen einen »Sitz im Leben« der Konfirmand*innen durch ihre Technologie, nicht durch unsere. Dafür brauchte es später in der Software »Audacity« mehr Zeit für die Umwandlung der Audiodateiformate (aber »Audacity« kann alles einlesen).

4. Einheit: Unsere Gottesgeräusche in Szene und wirksam

Langwierig sind das Nachbearbeiten und Verfremden am Computer. Beispiele von uns – u. a. von verfremdet-zerdehntem Vogelgezwitscher – halfen.

Stolperstein: Jede Gruppe braucht eine Leitungsperson, um den Arbeitsprozess zu moderieren, weil mehrere Konfis an je einem Geräusch zusammenarbeiten. Sie müssen immer wieder hören und reagieren, aber nur eine*r »fummelt an den Reglern« in »Audacity«.

Schon feierlich ist die Uraufführung/Generalprobe mit Geräuschen als Kirchenmusik, in der wir Gott wieder und wieder im und mit Klang zu uns kommen lassen, jedes Mal ganz anders. Fremd und mächtig, stolz und prächtig, klein und hauchend, klirrend, metallisch-heftig, blubberig und fröhlich. Die Konfis hadern, welches Geräusch sie in ihre Geschichten einsetzen sollen. Eins verändert sofort die Offenbarung der Verfolgten (Offenbarung 4,1) ins Angenehmere: »Und die erste Stimme, die ich mit mir hatte reden hören wie eine Posaune, ein langes, klimperndes sphärisches leises Geräusch wie ein Feenflug.« Und natürlich verändern sich mit jedem Geräusch die Geschichten, ihre möglichen Gotteserfahrungen, der Prophet, die Jünger*innen, die Verfolgten und wir Hörer*innen: akustische Fortschreibung. Ein sprachstilles Gebet aus den Gottesgeräuschen in Serie in sonst stiller Kirche mit dem Anzünden von Kerzen erinnert an den Anfang. Die Konfis wählen dann Geräusche für eine gottesdienstliche Rahmung des Hörspielfests. Sie suchen Geräusche, die sie live vormachen können. Die Leitenden laden die Eltern und die Gemeinde zum Hörspielfest ein.

5. Einheit: Hörspielfest

Das Fest läuft wie im Ablauf mit kleiner Gottesdienstrahmung.

Stolperstein: Anstelle des freien Teils ist ein spannendes Hörspiel gut, damit es nicht zu abstrakt-künstlerisch wird.

6 Pädagogische Reflexion

Unser pädagogischer Ansatz hat drei Eckpunkte.

1. Akustische Religiosität, Körperlichkeit und Sinne

Die Konfis begreifen, dass es sich bei akustischen Effekten um Technologien handelt, die wir auch – bewusst oder unbewusst – im Gottesdienst und in der Religionspädagogik einsetzen, im Alltag, in der Werbung, bei TikTok und Instagram®. Sie können das als manipulativ entlarven. Und sie können eine Dimension von Religiosität, die Körperlichkeit von Klang als Erlebensdimension des Göttlichen verstehen und nutzen. Sie werden Expert*innen für religiöse Special Effects und für die meditative Suche nach dem »Anderen« in der Sphäre des Klangs – eine spirituell-technologische Bereicherung fürs Leben.

2. Akustische Technologie und Spiritualität

Die Konfis lernen, anders und neu zu hören und zu tönen. Sie können das »Andere«, Unverfügbare in Stimmen wahrnehmen und ihre Lebenswelt auf Klangzeichen und Fragmente vom ganz Anderen, von Gott, durchhören. So lernen sie, über Musik und Sprache hinaus Geräusche meditativ wahrzunehmen, Ohren, Körper und Eingeweide zu öffnen für die Gegenwart Gottes. Sie werden spirituelle Expert*innen im Genuss und Machen von Geräuschen, sodass sie Gott anders als durch Sprache und Sprachkognition in Kirchenmusik, Film oder Alltag finden können, runterkommen und verlangsamen, ihren Kopf anders anschalten. Sie machen eine religiöse Grunderfahrung, körperlich-seelisch, tief im Innern: Ich bin unabgeschlossen, meine Stimme ist mir fremd, ich bin begrenzt und Teil einer Klanglandschaft. Ich bin empfänglich für Klänge wie für Gott.

3. Biblische Dimension des Akustischen

Nicht nur Text, sondern Körper und Materialität werden in der Einheit durch Klang angegangen und verändert. Wir nehmen aus dem Hörspiel mit, dass nicht nur Text und Semantik Herzen und Sinne anrühren, sondern eben auch Geräusche als eine körperliche Seite der Christentumsgeschichte. Konfirmand*innen werden Bibelinszenierspezialist*innen, üben Gotterwartung mit Ohren und Leib jenseits von Sprache. Gottes Klänge in der Schöpfung und im WORT in äußerer Gestalt, in Liturgie, Unterricht und Alltagsspiritualität können bekräftigen, berühren und stärken. Damit setzen die Konfis einen kleinen Reformimpuls fürs Gemeindeleben, für Gruppen und Gottesdienste. Das lässt sich in weitere Projekte überführen, ein größeres Hörspielfestival mit dem Abspielen von Hörspielen mit der Gemeinde feiern, einen Gottesdienst mit Klanginstallation zu den Texten abhalten und andere Gruppen in Workshops dasselbe erfahren lassen.

Verzeichnis der Autor*innen

Dorothée Böcker ist als Diplom-Sozialpädagogin in Berlin tätig;
d.boecker@web.de

Friedrich Böhme ist Kreisjugendreferent in Lichtenberg-Oberspree;
f.boehme@kklios.de

Nicolas Budde ist Pfarrer in Berlin-Kladow;
budde@ev-dorfkirche-kladow.de

Dr. Christian Butt ist Pastor und pädagogischer Studienleiter im Prediger- und Studienseminar der Nordkirche in Ratzeburg;
c.butt@predigerseminar-rz.de

Susanne Dannenmann ist Schulpfarrerin in Berlin;
susanne@dannenmann.net

Jasmin El-Manhy ist Pfarrerin in Berlin-Neukölln;
jasmin.el-manhy@gemeinsam.ekbo.de

Andreas Erdmann ist Landesonlinepfarrer der EKBO in Berlin;
a.erdmann@ekbo.de

Janika Frunder ist Vikarin in Hamburg-Schnelsen;
j.frunder@gmx.de

Dr. Wolfgang Häfele ist Pfarrer in Berlin;
wolfgang.haefele@friedensgemeinde.berlin

Sebastian Hocke ist Diplom-Film- und Fernsehdramaturg;
info@sebastian-hocke.de

Franziskus Jaumann ist Pfarrer in Bestensee und Gräbendorf;
jaumann.f@kkzf.de

Birgit Johannson ist Pastorin in Schleswig;
johannson@kirchengemeinde-schleswig.de

Laura Koch-Pauka ist Pastorin in Pinneberg;
pastorin.koch@luther-pinneberg.de

Andrea Kuhla ist Pfarrerin in Berlin-Schöneberg;
andrea.kuhla@ev-apg.de

Andreas Lorenz ist Pfarrer in Brodowin-Chorin;
a.lorenz.brodowin@t-online.de

Dr. Jens Mruczek ist Pfarrer in Rüdersorf;
j.mruczek@ekbo.de

Alisa Mühlfried ist Vikarin in Halstenbek;
a.muehlfried@gmail.com

Claudia Neuguth ist Pfarrerin in Berlin;
claudia.neuguth@paulgerhardtgemeinde.de

Dieter Niermann ist als Bildungswissenschaftler und Diakon Leiter des Evangelischen Bildungswerks in Bremen;
dieter.niermann@kirche-bremen.de

Thorsten Pachnicke ist Pastor in Rellingen;
thpachnicke@web.de

Vanessa Poepping ist Pastorin in Lübeck;
poepping@bodelschwingh-luebeck.de

Alexander Remler ist Pfarrer in Berlin-Groß Glienicke;
  remler@schilfdachkapelle.de

Dr. Bertram Schirr ist Pfarrer in Berlin-Alt Tempelhof;
  b.schirr@ekbo.de

Harald Schmidt ist Pastor in Pinneberg;
  pastor.schmidt@luther-pinneberg.de

Thomas Schüßler ist Kreisjugendpfarrer Oderland-Spree;
  thomas.schuessler@ekkos.de

Gwen Schwethelm ist Pastorin in Hamburg-Bramfeld;
  g.schwethelm@simeonkirche.de

Bettina Schwietering-Evers ist Pfarrerin in Berlin;
  schwietering-evers@lindenkirche.de

Olaf Trenn ist Pfarrer und Studienleiter in der Vikariatsausbildung der EKBO in Berlin;
  o.trenn@ekbo.de

Dr. Reingard Wollmann-Braun ist Pastorin in Norderstedt;
  reingard.wollmannbraun@gmail.com